Evaluación integral de lectura

Edición del maestro
Grado 4

Autor

Dr. Roger C. Farr
Chancellor's Professor and Director of
the Center for Innovation in Assessment,
Indiana University, Bloomington

Orlando Boston Dallas Chicago San Diego

Visite *The Learning Site*
www.harcourtschool.com

Copyright © by Harcourt, Inc.

All rights reserved. No part of this publication may be reproduced or transmitted in any form or by any means, electronic or mechanical, including photocopy, recording, or any information storage and retrieval system, without permission in writing from the publisher.

Teachers using ¡VAMOS DE FIESTA! may photocopy copying masters in complete pages in sufficient quantities for classroom use only and not for resale.

HARCOURT and the Harcourt Logo are trademarks of Harcourt, Inc.

Printed in the United States of America

ISBN 0-15-316158-2

4 5 6 7 8 9 10 022 2003 2002 2001

Table of Contents

T1	**Assessment and Evaluation in ¡Vamos de fiesta! by Dr. Roger C. Farr**
T2	**¡Vamos de fiesta! Assessment Components**
T3	**Evaluación integral de lectura**
T3	Description of the Assessments
T4	**General Assessment Considerations**
T4	Before Getting Started
T4	Scheduling the Assessment
T4	Providing for Students with Special Needs
T5	**Specific Assessment Directions**
T7	**Scoring and Interpreting**
T7	Scoring the Multiple-Choice Items
T7	Scoring the Open-Ended Items
T8	Determining the Total Score
T8	Analyzing Student Performance
T9	Recording and Sharing Student Performance
T9	Suggestions for Parents/Guardians
T10	**Reduced and Annotated Pupil Facsimile Pages**
T31	**Copying Master of Class Record Form**
T33	**Copying Master of Parent/Guardian Letter**
T37	**Copying Masters of Student Assessment Booklets**

Teacher's Edition / Grade 4

Assessment and Evaluation in ¡Vamos de fiesta!

by Dr. Roger C. Farr

Knowing how well a student can use literacy skills such as reading, writing, listening, speaking, and viewing is vital to effective instruction.

Without the information provided by assessment, a teacher does not have a solid basis for planning instruction. This does not mean that teachers should constantly administer formal tests to students. Teacher observations, discussions with students, and a variety of informal assessments of all types are also important and valuable sources of information.

An assessment program should be integral to instruction. The Harcourt assessments have been carefully designed to provide teachers and schools with the information they need when they need it. The Harcourt assessments provide a comprehensive picture of students' achievement as they progress through the program. That picture provides the basis for school and classroom planning.

Formal and Informal Assessments

The Harcourt assessments include both informal and formal assessments. Informal assessments encourage teachers to observe students as they read, write, and discuss. These assessments provide immediate feedback and allow teachers to quickly determine which students are having difficulty and need additional practice.

Formal assessment is an opportunity for a teacher to take a more focused look at how students are developing their literacy skills. Some of the formal assessments, such as the *Evaluación de destrezas de lectura*, focus on whether students understand and apply the skills they have been taught by asking them to choose answers. Other assessments, such as the *Evaluación integral de lectura*, ask them to write either short or longer responses to what has been read or discussed. The formal assessments follow the formats used on many state and national standardized tests.

The *Guía de portafolios* offers practical suggestions for using portfolios. Portfolios provide opportunities for students to collect samples of their reading and writing materials and to discuss their progress with teachers. Portfolios provide students with opportunities to reflect on their progress as readers and writers and to become effective self-assessors. Indeed, effective self-assessment should be the highest goal of an assessment program.

¡Vamos de fiesta! Assessment Components

The chart below gives a brief overview of the assessment resources that are available in ¡Vamos de fiesta!

Formal Assessments		
For placement and diagnosis	**Level**	**Purpose**
Kindergarten and Grade 1 Reading Inventory	K–1	To diagnose prerequisite literacy skills and assist in placement
Grades 2 and 3 Reading Inventory	2–3	To diagnose early literacy skills
At the theme level		
Reading and Language Arts Skills Assessment	1	To measure progress; to diagnose skill competence
Reading Skills Assessment	2–5	
Holistic Reading Assessment	1–5	To obtain a global picture of reading comprehension
At the selection level		
Selection Comprehension Tests	1–5	To monitor vocabulary and comprehension
Throughout the year		
Emergent Literacy in Kindergarten	K	To assess early literacy skills
Portfolio Assessment Teacher's Guide	1–5	To give teachers tips on starting, maintaining, and evaluating portfolios
At mid-year or end-of-year		
Mid-Year and End-of-Year Reading and Language Arts Skills Assessments	1	To provide a cumulative evaluation of skills development
Mid-Year and End-of-Year Reading Skills Assessments	2–5	To provide a cumulative evaluation of skills development

Informal Assessments

Teacher's Edition

- Assessment suggestions for each theme
- Assessment notes at "point of use" throughout the lessons
- Informal inventories/running records
  Grade 1: 2 per theme, 12 per grade
  Grades 2–5: 1 per theme, 6 per grade
- Writing Rubrics
- Self-assessment strategies
- Test Prep notes for skills lessons, writing, and grammar

Leveled Library (Primary/Intermediate Library)

- Benchmark Books for Evaluation
- Running records for trade books

Evaluación Integral de Lectura

Description of the Assessments

The *Evaluación integral de lectura* are criterion-referenced tests. The primary purpose of this assessment component is to monitor a student's progress as he or she proceeds through the *¡Vamos de fiesta!* program. These assessments evaluate reading comprehension in a global and holistic manner and help determine whether a student can read proficiently at the level being taught in *¡Vamos de fiesta!*

At Grade 4, six *Evaluaciones integrales de lectura* are available—one for each theme at this grade. Each assessment consists of two reading selections. All of the selections have been taken from children's literature and reflect the trend to use longer, more authentic reading passages to assess comprehension. The passages used on the assessments have been selected to reflect the same themes used in the instructional program. Each reading passage is preceded by a "purpose for reading" that helps students focus on the passage.

Both multiple-choice and open-ended items are used on each assessment to ensure a more complete measure of comprehension. Following each reading passage are eight multiple-choice reading comprehension questions and one open-ended question. Guidelines and model student responses are provided for scoring the answers to the open-ended items. The questions have been written to assess a variety of comprehension skills.

General Assessment Considerations

Before Getting Started

The following suggestions will help provide a valid and reliable assessment.

1. Be thoroughly familiar with the *Evaluación integral de lectura* before administering the assessment. One way to become familiar with any assessment is to administer the assessment to yourself to alert you to any procedural difficulties your students may encounter.
2. Seat the students so that you can easily observe them. This will help you not only determine if students are on the correct page when the assessments are started but also see that they mark answers to the items appropriately.
3. Be sure that each student has a pencil to mark responses and has his or her name on the front of the test booklet.
4. Have on hand a demonstration copy of a student booklet as well as the directions for administering the assessment found in this manual. The general directions to the teacher are printed in regular type. The specific directions to be read aloud to the students are printed in *italic* type.

Scheduling the Assessment

It is suggested that each assessment be administered in one session. The *Evaluación integral de lectura* is not a timed test. Most students will be able to complete the two reading passages and 18 questions in approximately thirty to forty-five minutes.

Providing for Students with Special Needs

Many school districts are faced with the challenge of adapting instruction and assessment to meet the needs of special learners. These may be students who are acquiring English, as well as students who are physically, emotionally, or developmentally challenged by disabilities. Because the *Evaluación integral de lectura* are not standardized, the procedures for administering them can be adjusted to meet the needs of special learners.

Teachers may help students who have difficulty reading the selections independently by

- providing audiotapes of the reading selections so that students can read along with the narration.
- pairing a less-proficient reader with a more-proficient reader in a buddy system so that the more-able student can provide help when needed.
- having volunteers use pantomime, gestures, or props to demonstrate for the students key words or ideas in the reading.
- providing assistance one-on-one or in small groups to pronounce difficult words and explain unfamiliar concepts.
- permitting students to take the reading selection home to have parents, friends, or siblings read it to them.

Keep in mind that the more assistance you give, the more removed the assessment is from being a measure of a student's *independent* reading level.

Specific Assessment Directions

Write each student's name on a booklet before distributing the assessment booklets, or, if you prefer, distribute the booklets and have students write in their names. When administering the assessment, speak in a natural tone, pacing directions so that all students have time to answer. Repeat or clarify items that students do not hear or directions that they do not understand, but do not permit such explanations to reveal any answers. Directions that should be read verbatim to students are printed in *italic* type. Directions that are for your information only (not to be read to students) are printed in regular type.

Prior to administering a *Evaluación integral de lectura*, read the following general directions to students:

Say: *We are going to take an assessment to find out how well you understand what you read. Some of the questions will be easy and some will be more difficult. Do your very best and try to answer each of the questions.*

Open your test booklet to page 1 and fold back the page so that you see only page 1.

Make sure that each student has the correct page.

Say: *You are to read two passages and the questions that follow them. You will fill in the answer circle in front of the correct answer for each question. You may look back at the passages to help you choose your answer. As you read the two passages, you may notice some underlined words. There will be questions later about what those words mean. When you answer a question about the meaning of a word, you might want to look back in the passage and find the underlined word. Then you can better understand the meaning it has in that passage.*

The last question after each passage is different. Turn in your booklet to question 9, the last question at the end of the first passage.

Demonstrate with an assessment booklet. Tell students the correct page to turn to, and show an example of an open-ended item. Circulate to make sure all students have turned to the correct page.

Say: *The last question after each passage is different. You have to make up your own answer instead of choosing an answer. You are to answer the question as soon as you have finished all the multiple-choice questions for that passage. When you answer the question, you may look back at the passage and re-read parts of it. You may use ideas from the passage to help you answer the question. There is space provided for your answer. Do your best to answer the question. If you want to use a word that you do not know how to spell, just try to spell the word as best you can.*

If you want to read the open-ended items aloud and explain them or elaborate on what is required, feel free to do so. Do not give students any ideas for how to respond to the items, however.

Say: *Now turn back to page 1, where the first passage begins. When you have finished reading both passages and answering the questions that follow, put your pencil down and sit quietly until I tell you what to do next. Does everyone understand what you are to do?*

Provide help for any student who has difficulty.

Say: *You may begin now.*

Check to make sure everyone is on the right page. As students begin to work, circulate to make sure that they are marking answers correctly and are completing the questions related to both passages.

Allow students as much time as you think appropriate for reading the passages and answering the questions. When students begin work on the first open-ended item, walk around the room, checking to make sure they are writing their answers in the correct space and that they understand the task.

Scoring and Interpreting

Scoring the Multiple-Choice Items

Each of the multiple-choice items is scored 1 point if the answer is correct. If the answer is incorrect or left blank, 0 points are given. Thus, the maximum number of points a student may receive on the multiple-choice items for a *Evaluación integral de lectura* is 16 points (2 passages with 8 items each).

The multiple-choice items may be scored by using either the answer keys found in this booklet or by using the reduced facsimile pages of the student assessment booklets, which are also found in this booklet.

Scoring the Open-Ended Items

Each of the open-ended items may receive a score of 2, 1, or 0, depending on how complete and accurate the answer is. The following general scoring guidelines explain the meaning of each score.

General Scoring Guidelines for the Open-Ended Items	
SCORE OF 2	**A "Correct" Answer** The answer is correct and is meaningfully supported with relevant ideas from the passage. All parts of the question are fully answered.
SCORE OF 1	**A "Partially Correct" Answer** The answer is partially correct and is somewhat supported with relevant ideas from the passage. Some parts of the question may not be fully answered.
SCORE OF 0	**An "Incorrect" Answer** The answer may reflect misunderstanding of passage ideas; it may not address the question; it may be only loosely related to the passage; it may be based only on personal opinion; or it may be off-task or irrelevant.

Model student responses for each open-ended item used at this grade level are included in the answer keys found in this booklet. It is important to remember that you are scoring the responses to the open-ended items for reading comprehension, not for writing ability.

Determining the Total Score

To arrive at a student's total score on a *Evaluación integral de lectura*, you need to combine the results of the multiple-choice items with the results of the open-ended items. The total score can range from a low of 0 points (all items incorrect) to a high of 20 points (all items correct). The total score can be easily converted for grading purposes to a 100-point scale by multiplying by 5. The following example illustrates how to determine a total score and place it on a 100-point scale.

SAMPLE SCORING	
Passage Number 1	**Score**
6 multiple-choice items correct	6
2 multiple-choice items incorrect	0
1 open-ended item correct	2
Passage Number 2	
5 multiple-choice items correct	5
3 multiple-choice items incorrect	0
1 open-ended item partially correct	1
Total Score	**14**
Total Score on a 100-point Scale (14 x 5)	**70**

Analyzing Student Performance

The following table offers guidelines for interpreting a student's performance on the *Evaluación integral de lectura*. Remember, however, that it is important not to place too much faith in any single assessment. The *Evaluación integral de lectura* is only one sample of a student's reading. This sample should be compared with the information you have gathered from daily observations, work samples, and perhaps other test scores.

Score	Interpretation	Teaching Suggestions
19–20	An ***advanced*** reader at this level of the program	Students scoring at this level should have no difficulty moving forward in the program.
16–18	A ***proficient*** reader at this level of the program	Students scoring at this level may need a little extra help.
13–15	A ***basic*** reader at this level of the program	Students scoring at this level may need more help. Other samples of performance should be examined to confirm progress and pinpoint instructional needs.
Fewer than 13	A ***below basic*** reader at this level of the program	Students scoring at this level will almost certainly have difficulty completing this level of the program.

Recording and Sharing Student Performance

The cover of each student test booklet contains a "Summary of Performance" section that can be used for recording scores and comments and for marking the student's performance level. At the bottom of the cover is a check-off box to indicate whether the student received any special assistance while taking the assessment.

The Class Record Form is intended to help teachers summarize and record the results of the *Evaluación integral de lectura* administered during the school year. Copying masters of two Class Record Forms are included in this manual.

The Parent/Guardian Letter is designed for sharing with parents or guardians a student's results on the *Evaluación integral de lectura*. The letter explains the *Evaluación integral de lectura* and defines the performance levels. The teacher can simply check the performance level a student achieved and write optional comments about the student's reading development.

Suggestions for Parents/Guardians

Listed below are activities that teachers can recommend to parents or guardians to help support a child's reading development.

- ◆ Read to your child, and let your child read to you. Praise your child's reading. Talk about what you read together.

- ◆ Let your child know how important reading is to you by talking about the ways you use reading every day—for example, keeping up with the news, consulting the Yellow Pages, or using an owner's manual.

- ◆ Set aside times during the week when the whole family will read. Let your child see that you enjoy reading.

- ◆ Take your child to the library and introduce the child to children's books and magazines. Get a library card for your child so that he or she can select books to take home to read. Remember that the library staff can help you find a book on a topic your child is interested in or a book by an author your child likes.

- ◆ Set goals for the number of new books your child will read. Have your child keep a log of the favorite part of each book that is read. Reward your child when the goal for reading is reached.

Reduced and Annotated Pupil Facsimile Pages

Bailes y fiestas/Tema 1

El más popular de la clase

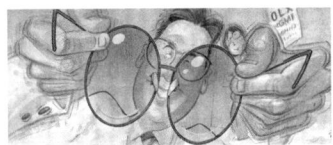

por Melissa Knight
ilustrado por Jimmy Holder

¿Qué aprendió Sam sobre sí mismo?

Soy el niño más popular de la clase. Siempre lo he sido. Es un don. Nunca presumo de eso. Les caigo bien a todos. Sé cómo vestirme, qué decir y cómo decirlo. Ya sabes, de esa manera especial.

Por eso cuando el doctor González me dijo que necesitaba anteojos, me asusté.

—¿Anteojos? No, no puede ser. No me quedarían bien —dije. Me miré en el espejo y me arreglé el pelo. Aunque, tuve que achicar un poco los ojos para poder verme.

El Dr. González no pareció sorprendido.

—Te verás aún mejor con los anteojos —dijo—. Además, tus ojos son muy importantes y no deben descuidarse. ¿Te acuerdas de los dolores de cabeza que has tenido últimamente? Desaparecerán en cuanto te pongas los anteojos. Tus ojos no tendrán que trabajar tan duro.

Miré a Mamá. Tenía esa mirada de "no te atrevas conmigo, soy tu madre".

—Vamos a elegir una montura —sugirió firmemente.

Yo gruñí.

Las monturas que elegí me quedaban bastante bien, pero no quería que me viera nadie.

Al día siguiente, cuando fui a la escuela, nadie dijo nada de mis anteojos. Probablemente porque no los llevaba puestos. Los metí en mi mochila tan pronto como Mamá me dejó en la escuela. *Esto va a ser muy fácil*, pensé mientras entraba en la clase de la Sra. Holtkamp.

Desgraciadamente no lo fue.

—Hola Sam —dijo la Sra. Holtkamp mientras yo dejaba los libros en mi pupitre—. ¡Me llamó tu Mamá y me dijo que tenías anteojos nuevos!

Casi me muero. Todos mis compañeros dejaron de charlar para mirarme. ¡Tenía que actuar con calma! Simplemente sonreí y fui hacia el sacapuntas.

Jaime me siguió.

—¿Dónde están? —preguntó.

—¿Dónde están qué? —le contesté, mientras seguía sacándole punta al lápiz.

—Tus anteojos —dijo Jaime—. ¿Por qué no los llevas puestos?

Miré a Jaime. Es un chico simpático, pero no somos amigos ni nada.

—No los necesito mucho —le contesté afilando más el lápiz.

—Mm... —Jaime me miró con una expresión extraña—. Quizás deberías...

—Veo perfectamente bien sin ellos —dije interrumpiéndolo. Le sonreí con frialdad.

—Estás afilando un marcador —dijo Jaime tranquilamente.

Menos mal que sonó el timbre en esos momentos. Volví a mi asiento medio mareado, con el marcador destrozado en la mano.

Jaime pasó por mi lado para ir a su pupitre. Esperé que se burlara de mí y les contara a los compañeros lo que había hecho. No lo hizo.

La Sra. Holtkamp me hizo poner los anteojos cuando comenzó la clase. Todos me miraron. Tenía *tanta* vergüenza.

Me sentí triste toda la mañana. Cuando llegó la hora de recreo, me puse los anteojos en el bolsillo de la camisa, pero sabía que era demasiado tarde. Ya no era el más popular.

—¡Eh, Sam, vamos a jugar al fútbol —dijo

Brandon cuando salíamos.

—No, yo no. Vayan ustedes —contesté.

—¿Estás enfermo? —dijo Brandon sorprendido— ¿No habrás cogido el sarampión?

—¿Cómo se te ocurre eso? —dije con mal humor— Me siento bien.

—Te estás poniendo muy raro —otro compañero estuvo de acuerdo.

Por fin me dejaron en paz. Mientras los demás jugaban al fútbol, yo me paseaba cerca de los columpios, tratando de ser invisible.

Desgraciadamente, no lo era. Al cabo de un rato, Jaime se acercó.

—¿Por qué no vienes a jugar al fútbol con nosotros? —preguntó.

—Por que no quiero —le contesté con un gruñido.

—Es por los anteojos, ¿verdad? —dijo Jaime poco convencido.

Lo miré sorprendido. ¿Cómo lo sabía?

—Sentí lo mismo cuando me dieron anteojos el año pasado —me explicó Jaime—. Estaba convencido de que me veía muy raro.

—Pero tú no te ves raro —le dije—. Tú te ves como se supone que te veas. Para mí es diferente.

—¿Qué quieres decir? —Jaime parecía sorprendido.

Suspiré. ¿Cómo podía explicarlo?

No entiendes —le dije— yo soy muy popular, ¿no? Voy vestido de cierta manera, y si cambio mi apariencia, no seré popular.

—Sam, tú eres popular porque eres simpático. Te portas bien con la gente. El que lleves anteojos o no los lleves, no tiene nada que ver —dijo Jaime mirándome como si yo estuviera loco.

—¿Quieres decir que sigo siendo popular? —dije dándole una mirada llena de esperanza.

—Bueno...vas muy despeinado hoy —dijo.

Sentí horror. Fui a agarrar mi peine me paré. ¿Estaba Jaime, el chico poco popular, tomándome el pelo a *mí*?

En lugar de sacar el peine, saqué los anteojos y me los puse. Miré a Jaime. Sí, vi una chispa en sus ojos.

—Bueno, supongo que veo mejor con los anteojos —dije—. A lo mejor hasta voy a jugar mejor al fútbol ahora.

—Eso espero —dijo riéndose.

¿Les dije que era el chico más popular de la clase? Bueno, lo soy.

Después de Jaime, claro.

Instrucciones: Rellena el círculo delante de la respuesta correcta.

1. Este cuento se trata principalmente de _____.
   - Ⓐ cómo comenzar un partido de fútbol
   - Ⓑ lo que realmente hace que Sam sea popular
   - Ⓒ por qué es importante hacer la tarea
   - Ⓓ por qué Jaime bromea con Sam

2. Surge un problema en la vida de Sam cuando se entera de que _____.
   - Ⓐ su madre había llamado al maestro
   - Ⓑ sus amigos piensan que es raro
   - Ⓒ no puede jugar al fútbol
   - Ⓓ tiene que llevar anteojos

3. Primero, Sam trató de no ponerse los anteojos porque _____.
   - Ⓐ le daban dolor de cabeza
   - Ⓑ su madre le dijo que los tenía que llevar puestos
   - Ⓒ tenía miedo de lo que iban a pensar sus amigos
   - Ⓓ no eran cómodos

4. Sam pensaba que para ser popular tenía que _____.
   - Ⓐ tener anteojos nuevos
   - Ⓑ no acercarse a Jaime
   - Ⓒ tener un cierto modo de vestir
   - Ⓓ llevar sus libros en una mochila

SIGUE

Bailes y fiestas/Tema 1

5. La palabra <u>achicar</u> en este cuento significa _____.
  A discutir
  B vestirse
  C cosas
  D empequeñecer

6. Los otros niños empezaron a pensar que Sam _____.
  A no era tan popular como de costumbre
  B actuaba de un modo extraño
  C veía mejor que nunca
  D hacía tonterías

7. ¿Quién convence a Sam de que se ponga los anteojos?
  A Jaime
  B el Dr. González
  C su mamá
  D la Sra. Holtkamp

8. ¿Qué lección aprendió Sam?
  A Es importante decir la verdad.
  B Para tener amigos debes portarte como un amigo.
  C Ser popular no depende de cómo se viste uno.
  D No pierdas la paciencia en cuanto los amigos te hacen bromas.

9. Imagínate que uno de tus mejores amigos tiene que empezar a llevar anteojos. ¿Qué consejo le darías a tu amigo? Usa ideas del cuento para apoyar tu respuesta.

Sueño en una meseta

por Terri Anderson
ilustrado por Andrea Shine

¿Cuál es el sueño de Analisa?

Sólo las liebres conocían su secreto.

La puerta de la caravana se cerró silenciosamente. Analisa miró por la ventana y vio a su hermano, Harrison, salir sigilosamente para ir a correr muy temprano.

Analisa estiró las cubiertas de su cama hasta ponerlas bajo su barbilla y pensó en Harrison corriendo en esa fría mañana de octubre. Siempre fue un corredor fuerte, desde que era un muchachito, y ahora era uno de los mejores corredores de Nuevo México. El entrenador de Harrison estaba buscando becas para él. Analisa sabía que el sueño secreto de Harrison era ir a la universidad.

Analisa tenía sus propios sueños. Aunque sólo tenía diez años, creía que ella también podía llegar a ser una corredora excelente. Algún día esperaba ser lo suficientemente fuerte para entrenar con Harrison.

A Analisa le gustaba correr por los senderos cerca de su caravana en el lago Mariano. Corría por el puro placer de correr, para sentir los fuertes latidos de su corazón cuando subía corriendo por los rocosos senderos de cabras. A veces veía una liebre saltando sin esfuerzo y ella hacía carreras con ella. A grandes zancadas, saltaba por encima de los cactos, esquivaba las piedras peligrosas que doblaban tobillos y corría a través de lechos arenosos, todo eso para que la liebre la dejara mordiendo el polvo.

Aunque Analisa nunca ganó la carrera, sentía que las liebres la retaban a correr más rápido, para que su sueño de correr con su hermano se hiciera realidad.

Analisa mantuvo secreta su afición por correr, de su hermano. Temía no poder mantener su ritmo y convertirse en un obstáculo para él. Lo último que quería era interferir con el entrenamiento de Harrison. Analisa siguió sus carreras arriba y abajo de los senderos cerca de la caravana de su familia, pero nunca cuando Harrison podía verla.

Se acercaba el fin de semana y Analisa esperaba con impaciencia el viaje de su familia a Shiprock, Nuevo México, a visitar a Bisabuela. La mamá de su abuela vivía en un <u>hogan</u> tradicional navajo con suelo de tierra, a pesar de que Papá y Tío le habían construido una pequeña casa de dos habitaciones muy cerca de allí. Bisabuela había intentado vivir en la nueva casa, pero dijo que se sentía más cómoda en el hogan.

Analisa siempre se quedaba en el hogan cuando la visitaban, mientras que Harrison y sus padres dormían en la casa. A Analisa le gustaba el olor del fuego de piñón en el centro del hogan y la sensación que daban las mantas de lana áspera cuando se acurrucaba en su catre.

A ella y a Bisabuela les gustaba sentarse hasta tarde hablando de los nuevos corderos en el corral, la alfombra en el telar o una película que Analisa había visto en la tele. Este fin de semana Analisa quería hablar con Bisabuela acerca de su sueño de correr tan rápido como las liebres.

Cuando llegó el atardecer del viernes, Analisa y su familia se apretujaron en su camión verde y se dirigieron por carreteras secundarias hacia Shiprock. El sol ya se estaba poniendo en el oeste y las rocas rojizas de la meseta brillaban con los brillantes rayos anaranjados, rojos, rosados y púrpura que se alargaban a través del cielo. Ya estaba oscuro cuando llegaron al hogan de Bisabuela.

Analisa pasó la mañana ayudando a Bisabuela a hacer los quehaceres. Por la tarde se quedó con Harrison a ver un partido de fútbol americano que daban por televisión en la nueva casa, pero Analisa prefería la quietud

---

Teacher's Edition / Grade 4

Bailes y fiestas/Tema 1

del hogan de Bisabuela.

Más tarde Bisabuela preparó un té de hierbas navajo y un estofado de cordero para cenar mientras Analisa mezclaba la masa para su golosina favorita, pan frito.

Mientras el estofado se cocía lentamente, Bisabuela, con mucho cuidado, colocó grandes círculos de masa en una cazuela de aceite burbujeante. Analisa estudiaba la cara de la anciana. A Analisa, Bisabuela le parecía muy hermosa. Era afectuosa, sabia y tan tierna. No había tensión alguna en su conversación ni en su silencio.

Despacio y dulcemente, Analisa comenzó a contarle a Bisabuela sobre su afición por correr. Le explicó cómo se sentía con su pelo volando al viento y sus fuertes piernas golpeando el camino hasta que su corazón parecía que iba a explotar. Sus palabras salían precipitadamente y la cara de Analisa brillaba de emoción.

Bisabuela estaba sentada muy quieta, escuchando. Cuando Analisa terminó por fin, los ojos de Bisabuela brillaban. Analisa no era la única con un secreto que compartir, le dijo Bisabuela. Cuando ella era una muchacha, también sentía gran placer al correr arriba y abajo de las mesetas. Se había sentido muy orgullosa de ser la más rápida de todas las muchachas de la familia.

—Sigue soñando en correr más y más rápido —le dijo a Analisa—. Es un buen sueño.

Con el dedo, Bisabuela dibujó un mapa en el suelo de tierra para mostrarle a Analisa un viejo sendero de cabras que llevaba a una enorme roca roja a un lado de la meseta. Años atrás, Bisabuela había corrido exactamente en ese lugar con sus primos. Analisa estudió el mapa. Se prometió levantarse con el sol y llegar a este lugar especial.

El canto del viejo gallo despertó a Analisa. Era de día. Analisa tanteó buscando sus zapatos y su sudadera. Salió del hogan medio dormida.

El enfado consigo misma por haber dormido demasiado se disipó al descubrir el sendero de cabras desgastado que Bisabuela le había descrito. El primer trecho del camino era bastante plano, lo que le permitía a Analisa correr fácilmente. Se imaginaba a su bisabuela corriendo por el mismo sendero años atrás.

Luego el sendero se hacía más empinado y se convertía en un ascenso rocoso. Las hierbas ahogaban el sendero, agarrándose de sus pantalones. Analisa no aflojó el paso. Siguió, con la mirada fija en la enorme roca de arenisca, directamente por encima de donde se encontraba, al borde de la superficie de la meseta, brillando en el sol de la mañana. Tenía que ser la que le había descrito Bisabuela.

Por alguna razón, el saber que era el lugar especial de Bisabuela hizo que esta carrera fuera diferente. Analisa se apartó el lacio cabello negro de la cara y siguió hacia la roca.

Algunos cuervos volaron ruidosamente mientras Analisa se apresuraba por el lado de la roca y finalmente descansó en lo alto. La vista era magnífica. Analisa podía ver el hogan de Bisabuela con docenas de ovejas pastando cerca y a lo lejos, en la distancia, la formación rocosa conocida como Shiprock. Sentía el correr de su sangre mientras absorbía la infinita belleza a su alrededor.

De pronto oyó un crujir más abajo en el escabroso sendero. Analisa contuvo su respiración mientras un muchacho de pelo negro subía con agilidad los últimos pasos hasta la roca especial.

¡Era Harrison! No lo había oído venir detrás de ella. Con la respiración poco alterada, se acomodó en la parte suave de la rojiza roca arenosa. Se paró un momento a contemplar la belleza de la escena más abajo, luego le sonrió sagazmente a Analisa.

—Has estado guardando un secreto, hermanita —le dijo bromeando—. Tienes la pisada segura de una cabra montés en el sendero. ¿Cómo encontraste este fantástico lugar?

Harrison sonrió mientras ella le explicaba el secreto de Bisabuela.

—¿Por qué no corremos el camino de vuelta juntos? —siguió Harrison.

Analisa suspiró feliz al comenzar el descenso con Harrison, con paso seguro sorteaban rápidamente las rocas resbaladizas del camino. Juntos saltaron sobre matorrales espinosos, acelerando para mantener su velocidad en los lugares blandos y arenosos. Corrían a paso rítmico, cada uno disfrutando de la compañía del otro. Feliz, Analisa se dirigió hacia el hogan, sintiéndose tan libre y rápida como su vieja amiga la liebre.

---

10. Esta historia se trata principalmente sobre _____ .
    - Ⓐ los diferentes animales que viven en Nuevo México
    - Ⓑ un muchacho que ganó una beca universitaria
    - Ⓒ una anciana que enseña a cocinar a su bisnieta
    - Ⓓ una muchacha con un sueño

11. En esta historia, la palabra hogan quiere decir un tipo de _____ .
    - Ⓐ casa
    - Ⓑ estofado
    - Ⓒ sendero
    - Ⓓ secreto

12. Una cosa que tienen en común Analisa y su hermano es que a los dos les gusta _____ .
    - Ⓐ cocinar comida de los navajos
    - Ⓑ la escuela
    - Ⓒ correr
    - Ⓓ dormir en el hogan

13. Analisa y su familia van a Shiprock a _____ .
    - Ⓐ ver una enorme roca
    - Ⓑ visitar a su bisabuela
    - Ⓒ construir una casa
    - Ⓓ cazar liebres

14. ¿Qué secreto comparte Bisabuela con Analisa?
    - Ⓐ cómo hacer té de hierbas navajo
    - Ⓑ dónde encontrar a sus primos
    - Ⓒ cómo tejer mantas de lana
    - Ⓓ que le gustaba correr cuando era una muchacha

15. Analisa decidió correr en el viejo sendero de cabras porque _____ .
    - Ⓐ lo usaba su hermano Harrison
    - Ⓑ era el sendero más cercano a la casa de su bisabuela
    - Ⓒ su bisabuela había corrido en él
    - Ⓓ era el sendero más duro del estado

16. Lo más importante que aprendió Analisa en esta historia fue _____ .
    - Ⓐ mirar donde corría
    - Ⓑ probar nuevos senderos
    - Ⓒ creer en sí misma
    - Ⓓ escuchar a los bisabuelos

17. La autora probablemente escribió esta historia para _____ .
    - Ⓐ convencer a la gente a que se mudara a Nuevo México
    - Ⓑ animar a la gente a seguir sus sueños
    - Ⓒ explicar por qué los navajos duermen en hogans
    - Ⓓ mostrar lo difícil que es ser amigos para hermanos y hermanas

Bailes y fiestas/Tema 1

18. ¿Qué consejo creen que Analisa le dará a su bisnieta? Explica por qué. Usa ideas de la historia en la respuesta.

_____

ALTO

Bailes y fiestas/Tema 2

Tía Emilia

por Hilda Eunice Burgos
ilustrado por Lindsay Barrett George

¿Quién es Tía Emilia?

—Uno, dos tres, cuatro... —Esperanza contaba cada paso al salir de la casa de su abuela. Su tía abuela Emilia vivía a 2,037 pasos de allí.

—Diecinueve, veinte, veintiuno... —Esperanza caminaba por el sendero de tierra cuidadosamente para no tropezar con las piedras. Llevaba un tazón plano en su hombro derecho, sujetándolo con la mano derecha para mantenerlo seguro. De la mano izquierda le colgaba un termo pequeño.

—Sesenta y dos, sesenta y tres, sesenta y cuatro...

—¡Eh, Esperanza! —los primos de Esperanza, Pablo y Ramona, la llamaron.

—Vamos al patio de Marino a jugar a la pelota —dijo Pablo—. ¿Quieres venir? Esperanza sonrió y sacudió la cabeza.

—¿Por qué nunca quieres venir a jugar con nosotros? —le preguntó Ramona. Esperanza se encogió de hombros y bajó los

---

ojos. Se concentraba en no perder la cuenta. Eso era más fácil que hablar con sus primos.

—Ya sé —dijo Pablo—. Este pueblo es demasiado aburrido para alguien tan interesante de Nueva York, ¿no? —Esperanza sacudió la cabeza, sonrió y siguió su camino.

—Doscientos, doscientos uno, doscientos dos...

—¡Esperanza! ¿Dónde está tu paraguas? —Tío Chago estaba parado en las escaleras con los brazos en el aire—. ¿Te has olvidado de que ahora estás en la República Dominicana? ¡Tanto sol en medio del día es malo para ti! —Corrió adentro a buscar un paraguas, pero cuando salió, Esperanza se había ido.

—Cuatrocientos seis, cuatrocientos siete, cuatrocientos ocho...

—Esperanza —Doña Luisa la llamaba— te guardé el último trozo de dulce de leche. Tus padres me dijeron lo mucho que te gustaba. —Esperanza miró a Doña Luisa y sonrió. Podía ver el dulce cuidadosamente envuelto sobre el mostrador de la tienda. Se le hacía la boca agua, pero sacudió la cabeza, susurró "No gracias" y siguió adelante.

—¡Oh, puedes comer un poco! —dijo Doña Luisa—. Estás de vacaciones... —su voz se fue apagando.

—Dos mil treinta y uno, dos mil treinta y dos... —Por fin Esperanza llegó a la choza de techo de paja de Tía Emilia. Tía Emilia estaba sentada en una de las cuatro mecedoras alrededor de la mesita de café. Miró las viejas tablas grises que formaban la pared frente a ella. Llevó los ojos de la tabla de abajo a la de arriba, parándose en cada una mientras contaba, despacio, "una, dos, tres..."

A Tía Emilia no le gustaba que la interrumpieran cuando estaba contando. Cuando Esperanza llegó hace cinco semanas, Tía Emilia estaba siempre sentada en su silla repitiendo una y otra vez "uno, dos, uno, dos". La abuela de Esperanza le había contado que cuando Tía Emilia era niña se burlaban de ella porque era un poco lenta para aprender cosas nuevas. Al hacerse mayor, Tía Emilia se quedó más en su propio mundo. Ahora, los miembros de la familia tomaban turnos llevándole comida y ayudándola a mantener la casa limpia, pero Tía Emilia raramente les hablaba. Salía de casa únicamente para ir al excusado.

Esperanza puso la taza y el termo en una mesa cerca de la puerta. Puso el arroz con frijoles de la taza en el plato que ya estaba en la mesa. Tomó los trozos de carne y plátano que su abuela había trinchado y los puso en el plato. Puso una cuchara en la pila de arroz con frijoles y puso el plato sobre una servilleta.

Los ojos de Tía Emilia se dirigieron de la tabla de arriba a Esperanza.

—Veintiuna tablas de madera —dijo con orgullo.

Esperanza sonrió y le dio el plato a su tía abuela.

—Sabía que aprenderías antes de que terminara el verano —dijo.

—Eres una buena maestra, querida —le respondió Tía Emilia.

—Sabes Tía —dijo Esperanza—casi he terminado todo lo que tenemos que leer el próximo año. Ahora, cuando comience el quinto grado, volveré a sacar A en todo.

—Tengo algo para ti Esperancita —dijo Tía Emilia asintiendo sin prestar atención—. Allí junto a la cama. —Esperanza recogió un ramo de flores.

—Son muy lindas —dijo Esperanza y aspiró profundamente.

—Les estaba hablando a esas flores hoy —dijo Tía Emilia. Se hechó hacia atrás en su silla y miró por la ventana—. Parecían muy tristes cuando las recogía, pero cuando las puse en un ramo todas juntas se pusieron contentas.

Bailes y fiestas/Tema 2

Tía Emilia alargó el brazo y apretó la mano de Esperanza.

—Eres una amiga muy especial —dijo—. Contigo me siento lo suficientemente lista para tratar de leer esto. —Levantó una vieja Biblia.

—¡Estupendo! —exclamó Esperanza—. Podemos comenzar después del almuerzo.

—¡Oh, no querida! —dijo Tía Emilia—. Estoy muy cansada hoy. Comenzaremos mañana.

—Acuérdate, voy a volver a Nueva York pronto —dijo Esperanza con un suspiro.

Tía Emilia asintió lentamente.

—Bueno, quizás le permita a tu tía Consuelo que me ayude. —Le dijo sonriendo a Esperanza—. Ahora vete, querida. Debes ir con tus otros amigos también. Compartirás las flores con ellos, ¿verdad?

Esperanza miró las flores al salir. Se olvidó de contar las escaleras. Cuando llegó a la tienda de Doña Luisa, se paró a decir hola. Doña Luisa aplaudió y rió cuando Esperanza le dio una margarita a cambio de un dulce de leche blando.

Como de costumbre, la puerta de Tío Chago estaba abierta y Esperanza entró. Le dio un abrazo fuerte y fue al pozo a buscar un vaso de agua alto para poner su nuevo clavel.

Esperanza vio el techo brillante de estaño de los Marino desde la distancia. Al acercarse, vio a Pablo y a Ramona jugando a la pelota con un grupo de niños.

—Ven a jugar —le dijeron.

—Tengo que ir a leer —respondió Esperanza.

—Hazlo más tarde —le dijo Pablo. Le pasó un brazo por los hombros y la llevó al campo.

Esperanza no leyó ese día, pero repartió todas las flores de Tía Emilia. Consiguió dos *hits*.

Instrucciones: Rellena el círculo delante de la respuesta correcta.

1. Esta historia trata principalmente sobre _____ .
   - (A) compartir y aprender
   - (B) jugar y correr
   - (C) cocinar y comer
   - (D) aplaudir y gritar

2. Esta historia tiene lugar en _____ .
   - (A) Puerto Rico
   - (B) la República Dominicana
   - (C) Ciudad de México
   - (D) Nueva York

3. Por la historia puedes deducir que Esperanza vive en _____ .
   - (A) Nueva York
   - (B) México
   - (C) la República Dominicana
   - (D) Puerto Rico

4. Esperanza va a casa de Tía Emilia a _____ .
   - (A) jugar béisbol
   - (B) contar las tablas de madera del suelo
   - (C) llevarle el almuerzo
   - (D) leer la Biblia

---

5. La palabra <u>trinchado</u> quiere decir _____ .
   - (A) cortar en pedazos
   - (B) usar en juegos
   - (C) contar pasos
   - (D) cambiar de color

6. Cuando era niña se habían burlado de Tía Emilia porque _____ .
   - (A) no sabía jugar al béisbol
   - (B) no tenía buenos modales en la mesa
   - (C) era lenta para aprender cosas nuevas
   - (D) comía demasiados dulces

7. La palabra que mejor describe a Esperanza es _____ .
   - (A) egoísta
   - (B) considerada
   - (C) tímida
   - (D) mal educada

8. Esperanza hizo que Tía Emilia se sintiera _____ .
   - (A) inútil
   - (B) triste
   - (C) confundida
   - (D) lista

---

9. ¿Qué crees que siente Esperanza por sus vacaciones? Usa ideas de la historia para apoyar tu respuesta.

_____
_____
_____
_____
_____

Bailes y fiestas/Tema 2

El ático de Emma

por Jennifer Amberger Borgesen
arte por Dominic Catalano

¿Hay alguien en el ático?

Emma Munford metió la pluma en el tintero y comenzó a escribir.

3 de octubre de 1853
Hoy pasó algo que me dio mucho miedo. Los cazadores de recompensas vinieron a nuestra granja. Buscaban a esclavos escapados. Hicieron que Papá los ayudara a buscar. Espero que esos hombres horribles no encuentren nunca a los escapados. Ojalá pudiera hacer algo para ayudar...

Un crujido en el piso de arriba hizo que Emma se sobresaltara. Miró hacia sus seis hermanos que dormían tranquilamente en sus camas. No oían nunca nada. Se burlaban de Emma porque oía ruidos en el ático.

—Ratones y ratas —murmuraban y reían cuando ella trataba de decírselo a Mamá y a Papá.

Emma tiró de su chal para acomodárselo alrededor de los hombros. Otro crujido, y un roce sordo sonaron arriba. Emma salió y bajó corriendo de su cuarto. Al llegar abajo titubeó.

—Mamá, ¿puedes subir conmigo? —Emma retorcía un extremo de su camisón de franela.

Mamá estaba remendando un vestido que le había quedado pequeño a Emma. Levantó la vista y sonrió.

—Emma, ya eres demasiado grande para que te venga a acostar como a tu hermana pequeña, Morgan. La semana que viene vas a cumplir diez años.

—Son los ratones, Mamá. Están en el ático de nuevo.

Mamá ahogó la risa.

—Cariño, no hay nada allí arriba que vaya a hacerte daño. —Plantó un beso en la cabeza de Emma—. Ahora vete a la cama.

Emma subió las escaleras y se metió en la cama junto a Morgan. Apretó los ojos y trató de dormir. Se puso la almohada encima de la cabeza. ¿Por qué era tan cobarde?

¡*Gato!* Emma se sentó. ¿Por qué no lo había pensado antes? Papá tenía gatos en el granero para que cazaran los ratones. ¿Por qué no poner un gato en el ático?

Emma saltó de la cama. Se puso las zapatillas y agarró su chal. Luego salió de la casa oscura y silenciosa, y se dirigió al granero. Jezabel, su gato de granero favorito, la saludó en la puerta. Emma la recogió y corrió de vuelta a la casa.

A la luz de la luna, Emma se acercó a las escaleras del ático. Titubeó un momento, al acordarse de las instrucciones de su mamá de que nunca debía ir al ático. Pero Emma no pensaba entrar. Iba sólo a poner el gato adentro. La vieja Jezabel haría el resto.

Tiró de la puerta del rellano de las escaleras para abrirla y un rayo de luz delgado se escapó. No era la luz fría y plateada de la luna, sino el dorado brillo de una lámpara. Jezabel aterrizó sordamente y corrió por la puerta abierta.

¿Quién estaba en el ático a estas horas de la noche? Mamá iba a enfadarse si sabía que alguien tenía una lámpara allí. Podrían iniciar un incendio. El sonido suave de voces hacía eco en las escaleras.

—Jezabel, ¿cómo te metiste en el ático? —Emma reconoció la voz

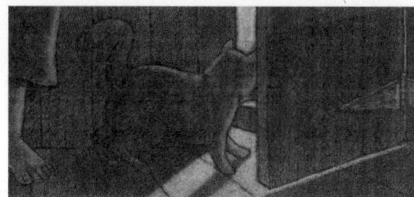

de su madre. Oyó unas pisadas sordas y la madre de Emma apareció en lo alto de las escaleras.

—¡Emma! —dijo Mamá frunciendo el cejo. ¿Qué estás haciendo aquí? —Con el gato en los brazos, bajó las escaleras de madera.

—Lo siento Mamá —Emma sintió que se le llenaban los ojos de lágrimas—. No quise desobedecerte, pero pensé que Jezabel podía encargarse de los ratones del ático. No iba a entrar, ¡de verdad!

Mamá soltó el gato y le dio a Emma un fuerte abrazo.

—Ya eres grande Emma y a tu edad ya puedes saber la verdad. —Tomó a Emma de la mano y le hizo subir las escaleras.

La habitación no era como se la había imaginado Emma. No había telas de araña, polvo ni ratones. En lugar de eso vio una habitación limpia y aseada con una cama grande, una mesa y sillas. Sentados a la mesa había un hombre, una mujer y una niña que parecía de la misma edad que Emma. Su piel brillaba tibia y oscura a la luz de la lámpara, como el color del té de Mamá cuando le añadía crema fresca. Sus ojos oscuros estaban llenos de temor. Pero cuando vieron a Emma asomarse por detrás de las faldas de su madre, se calmaron.

—Josué, Raquel, Rosa, ésta es mi hija Emma —dijo Mamá.

Rosa llevaba el vestido que Mamá había estado remendando. Ahora Emma lo comprendió todo. ¡Ésta era la gente que los cazadores de recompensas andaban buscando!

—Papá los llevará a casa de Tío Tomás cuando lleve las manzanas a Detroit —explicó Mamá—. Tío Tomás los ayudará a cruzar el río Detroit para llegar a Canadá. Así los cazadores de recompensas no podrán perseguirlos más.

Emma asintió. La familia volvió a su comida.

—¿Puedo quedarme Mamá? —preguntó.

Mamá le apretó la mano y sonrió.

Emma se sentía feliz de que su familia ayudara. Supo entonces que los ruidos del ático ya no la asustarían nunca más.

10. Este pasaje trata principalmente de _____ .
Ⓐ cazadores de recompensas que registran la granja
Ⓑ un gato que caza ratones en un ático
Ⓒ una familia que ayuda a esclavos escapados
Ⓓ granjeros que poseen esclavos

11. Esta historia tiene lugar _____ .
Ⓐ hace muchos años
Ⓑ hace pocos años
Ⓒ en el presente
Ⓓ en el futuro

12. Los cazadores de recompensas buscaban _____ .
Ⓐ pistolas y municiones
Ⓑ comida y suministros
Ⓒ a otros cazadores de recompensas
Ⓓ a esclavos escapados

13. Emma pensaba que los ruidos en el ático los hacían _____ .
Ⓐ ardillas
Ⓑ ratones
Ⓒ ladrones
Ⓓ gatos

Bailes y fiestas/Tema 2

14. ¿Por qué remendaba Mamá el vestido viejo de Emma?
    Ⓐ Mamá le iba a dar el vestido a la hermana de Emma.
    Ⓑ Mamá estaba reparando el vestido para una esclava escapada.
    Ⓒ Emma quería ponerse el vestido para su cumpleaños.
    Ⓓ Emma no sabía coser.

15. ¿Por qué puso Emma a su gato Jezabel en el ático?
    Ⓐ El gato hacía demasiado ruido.
    Ⓑ El gato siempre estaba en la casa.
    Ⓒ Emma quería compañía.
    Ⓓ Emma quería que Jezabel cazara ratones.

16. ¿Quién era la gente del ático?
    Ⓐ los hermanos de Emma
    Ⓑ cazadores de recompensas
    Ⓒ esclavos escapados
    Ⓓ trabajadores del campo

17. La mejor palabra para describir cómo se sintió Emma cuando encontró a Mamá en el ático es _____ .
    Ⓐ sorprendida
    Ⓑ triste
    Ⓒ feliz
    Ⓓ hambrienta

18. ¿Por qué crees que la mamá y el papá de Emma no le habían dicho nada acerca de la gente en el ático? ¿Por qué habían mantenido ese secreto?

Bailes y fiestas/Tema 3

La cena del Día de Acción de Gracias

por Nancy Day
ilustrado por Les Gray

¿Quién cocinó la cena del Día de Acción de Gracias?

Mamá está en cama. No se va a levantar. Ni tan siquiera para el Día de Acción de Gracias.

Operaron a Mamá hace tres días y dice que se siente mucho mejor. Pero tiene que quedarse en cama. No se va a levantar ni tan siquiera para el Día de Acción de Gracias.

Soy el mayor. David es el mediano, o quizás debería decir el metelíos. Es listo, seguro, pero a veces se mete tanto en sus proyectos que se olvida del resto del mundo. Jennifer tiene seis años menos que yo y siempre está o contenta o triste, pero nunca nada en medio. Y por eso, una fría mañana de noviembre, Papá me dijo que yo iba a cocinar la cena del Día de Acción de Gracias.

Sólo estaremos nosotros, no tendremos compañía ni nada, pero sigo preocupado. Nunca he cocinado ningún tipo de comida y aquí estoy comenzando con una muy importante como la del Día de Acción de Gracias.

Papá dice que él hará el pavo. Papá siempre hace el pavo. Hace el relleno en el viejo tazón de rayas de Abuela, que tiene grietas y es más viejo que mi papá. Desmigaja el pan con sus dedos largos y mete el relleno dentro del pavo hasta que parece que va a explotar. Luego pone filas de pequeñas salchichas, que parecen soldados pálidos encima del pavo, sujetándolas con palillos para que no se caigan. Dice que eso evita que la carne se seque, pero Mamá piensa que es una excusa que él se inventa para poder comer salchichas. No son parte de su dieta.

Papá dice que hará el pavo. Lo dice como si el pavo fuera lo único importante. Como si el resto fuera fácil. Como si yo supiera cómo conseguir que los pequeños dulces de malvavisco se derritieran sobre los camotes. Como si yo supiera cómo hacer puré de patatas sin grumos. Como si yo supiera cómo hornear las cebollas que no se comerá nadie más que Papá pero que sin ellas no sería el Día de Acción de Gracias.

Papá dice que él hará el pavo. Pero, ¿y si las verduras no están listas a tiempo? ¿Y si algo se quema? ¿Y si es un desastre y todo es culpa mía y todos nos acordamos el resto de nuestras vidas del Día de Acción de Gracias que yo, personalmente, arruiné a pesar de que Papá hizo el pavo?

Mi amigo Stan no entiende mi súbito interés en menudillos. Le había preguntado a la maestra si los pone normalmente en la salsa o en el relleno. Luego Stan me descubrió observando cómo su mamá hervía patatas para la cena. Se quedó pasmado cuando me oyó preguntar sobre las técnicas para pelar y sobre la temperatura. Stan piensa que soy raro.

Cuando me desperté esta mañana y me di cuenta de que era el Día de Acción de Gracias me sentí mal. Mamá me dice que hoy tengo la oportunidad de lucirme. Yo no lo veo así. Pienso que sólo hay una manera de lucirse y un montón de maneras de estropearlo todo.

Afortunadamente, Jennifer está de buen humor. En estos momentos no podría soportar sus gimoteos. David está en su habitación trabajando en el modelo de un cerebro de mono. Mamá está en la cama, por supuesto, y no se va a levantar. Papá hará el

Bailes y fiestas/Tema 3

pavo, y yo estoy tratando de leer la caligrafía de Mamá en algunas de las fichas de recetas que están tan manchadas de comida que podría hacerse un cocido con ellas. No tengo esperanza.

Primero metí las cebollas en el horno. Fue bastante fácil. Había comenzado a preparar los camotes cuando Papá gritó desde la sala que algo olía estupendo. Todo iba bien.

Luego me dio un escalofrío. Postre. ¿Cómo se me olvidó? Siempre comemos tartas para el Día de Acción de Gracias. Quizás Papá había comprado una tarta. No tuve tal suerte. Quizás podíamos ir corriendo a la tienda y comprar una tarta. Cerrado para el Día de Acción de Gracias. Desastre. Lo sabía. Se me olvidó la tarta.

Fui a la despensa a analizar la situación. Cuando sea adulto, voy a tener un abastecimiento de rellenos para tartas para emergencias como ésta. Lo mejor que pude encontrar fue un tarro de compota de manzana. Tendría que servir. Pero, ¿qué podía usar para la masa? Busqué. Cereal. A todo el mundo le gusta el cereal. Agarré unas cuantas cajas y, como no sabía cuál escoger, las mezclé, aplastando la mezcla en el plato de tarta. No se mantenía junta muy bien, así que mezclé un poco de manteca de cacahuate. Luego le puse la compota de manzana y lo puse todo en el horno.

Teniendo todo en consideración, la cena salió bastante bien. Mamá se quedó en cama. No se levantó. Le servimos la cena en una bandeja, lo iba probando todo y diciendo "no está mal" y "buen trabajo" y "bien hecho". Se paró cuando llegó a la tarta. Era *fuera* de lo normal. La manteca de cacahuate se había derretido, creando una costra de fragmentos de cereal multicolor y un aceite resbaloso en el relleno. "Una presentación muy interesante", dijo.

Lo que más le gustó a Mamá fueron los camotes. Papá prefirió las cebollas, pero lo vi agarrar un par de salchichas a escondidas cuando fue a guardar el pavo. David y Jennifer pensaron que la tarta era chévere, su cumplido más especial. Yo me alegré de que la cena se hubiera terminado.

El año que viene Mamá cocinará la cena del Día de Acción de Gracias. Dice que ni tan siquiera tendré que ayudarla porque tuve que hacerlo todo este año. Estoy haciendo planes para quedarme en cama. No me voy a levantar. Bueno, hasta que esté lista la cena, claro.

Instrucciones: Rellena el círculo delante de la respuesta correcta.

1. Esta historia trata principalmente de _____ .
   - Ⓐ los sentimientos de un niño por su hermano y su hermana
   - Ⓑ instrucciones para cocinar un pavo
   - Ⓒ un niño que cocina la cena del Día de Acción de Gracias
   - Ⓓ la historia del Día de Acción de Gracias

2. En esta historia la palabra gimotear significa _____ .
   - Ⓐ cantar
   - Ⓑ reír
   - Ⓒ quejarse
   - Ⓓ correr

3. Mamá no puede cocinar la cena del Día de Acción de Gracias porque _____ .
   - Ⓐ la familia va a cenar a un restaurante
   - Ⓑ fue a visitar a unos amigos que viven en otra ciudad
   - Ⓒ quiere darle a su marido una oportunidad de cocinar
   - Ⓓ está en cama recuperándose

4. La mejor palabra para describir lo que siente el niño por tener que hacer la cena es _____ .
   - Ⓐ inseguro
   - Ⓑ feliz
   - Ⓒ sensato
   - Ⓓ valiente

---

5. El papá del niño está encargado de cocinar _____ .
   - Ⓐ el pavo
   - Ⓑ la tarta
   - Ⓒ los camotes
   - Ⓓ el puré de patatas

6. Stan piensa que el niño es raro porque _____ .
   - Ⓐ odia el Día de Acción de Gracias
   - Ⓑ hace preguntas sobre cocina
   - Ⓒ hace tartas con cereal
   - Ⓓ no le gusta su hermano

7. Cuando Papá gritó que "algo olía estupendo" probablemente el niño se sintió _____ .
   - Ⓐ curioso
   - Ⓑ preocupado
   - Ⓒ dudoso
   - Ⓓ orgulloso

8. La tarta que hizo el muchacho era diferente de otras tartas porque _____ .
   - Ⓐ estaba hecha de cosas raras
   - Ⓑ era una nueva receta
   - Ⓒ tiene pavo y camote en ella
   - Ⓓ no se había horneado

---

9. Mamá le dice al personaje principal que cocinar la cena del Día de Acción de Gracias es una "oportunidad de lucirse". ¿Crees que se "lució"? Explica tu respuesta.

_____
_____
_____
_____
_____
_____
_____
_____
_____
_____
_____
_____
_____
_____

Teacher's Edition / Grade 4

Bailes y fiestas/Tema 3

Noche de paz, o el día del huracán

por Jonathan London
ilustrado por K. Dyble Thompson

¿Qué ocurre cuando llega un huracán?

El día del huracán comenzó como cualquier otro día. Comprobamos que no había escorpiones en nuestros zapatos y salimos a jugar.

Rosalba estaba colgando a secar la ropa recién lavada. En español *rosalba* significa amanecer rosado y así es como siempre pensábamos en ella. Se levantaba con el sol cada mañana, llena de música y risa, y nos enseñaba canciones puertorriqueñas y cómo bailar los calientes ritmos de salsa. Ayudaba a manejar la casa y a cuidar de mí y de mi hermano mayor, Jeff.

—¡Hasta luego! —gritamos mientras recogíamos nuestro equipo de buceo—. ¡Hasta la vista!

Jeff y yo bajamos el sendero escabroso detrás de la casa. Abajo, el mar estaba tranquilo dentro del arrecife de coral. Mar adentro una raya con púa gigante agitaba sus aletas cruzando las olas.

Con caretas, tubos de respiración y aletas entramos, mirando con cuidado por si veíamos las espinas negras de los erizos de

mar. Luego nadamos un trecho y nos zambullimos. Los corales de fuego gritaban *¡fuego!* con su color. Los abanicos marinos se agitaban. Las langostas puertorriqueñas se escondían en las grietas oscuras, mientras bancos de peces tropicales se movían con rapidez como bandadas de pájaros girando con el viento.

Miré hacia abajo y vi la silueta larga de torpedo plateado de una gran barracuda cerca de mi pie izquierdo. Inmóvil, con afilados dientes que le cubrían las largas mandíbulas. Me quedé completamente inmóvil, tratando de parecer lo más grande posible, hasta que finalmente la asesina atravesó el agua y desapareció rauda.

En ese momento oí gritar a alguien. Miré hacia la orilla, vi a Mamá agitando la mano frenéticamente desde lo alto del acantilado.

Jeff y yo volvimos nadando y trepamos el sendero. Mamá nos dio las noticias de que se acercaba un huracán. Ayer el locutor había dicho que no tocaría nuestro lado de la isla, pero ahora había cambiado de dirección y se esperaba que llegara a la hora de la cena. Todos debían ir al refugio para huracanes. Mamá nos dijo que empacáramos rápidamente; es posible que tuviéramos que pasar la noche allí.

El aire estaba perfectamente tranquilo. No había ni una brisa que hiciera mover las hojas de las palmeras. Ni tan siquiera las oscuras nubes se movían en el cielo púrpura. Me sentía como si hubieran extraído el aire de mis pulmones y no podía recuperarlo. Todo parecía estar a la espera.

Empaqué mi guante y mi pelota de béisbol y mis canicas, mi *Slinky*, el Yo-yo y mi nuez poderosa, que estaba atada a una tira de cuero. ¡Mi nuez poderosa podía romper cualquier otra nuez en la escuela entera!

[1] Una *nuez poderosa* es una nuez endurecida atada al final de una cuerda de piel. Los contrincantes chocan sus nueces unas contra otras hasta que se rompe una de ellas.

El cuarto grado empezaba dentro de una semana. Qué manera tan estupenda de terminar las vacaciones de verano, ¡con un huracán!

Afuera, había llegado el viento. Las ráfagas se hacían cada vez más fuertes. Jeff y yo salimos.

—¡Mira! —gritó Rosalba—. ¡Mira! —las olas habían crecido convirtiéndose en montañas, rompían por encima del arrecife de coral y luego se estrellaban contra las rocas. Debíamos marcharnos.

Arrastramos las bicicletas adentro, recogimos la ropa colgada. Rosalba se veía preocupada, aunque tarareaba una canción al trabajar. Papá cerró las contraventanas.

—¡Aseguren las escotillas! —dijo en su jerga de la marina. Mamá había empacado comida y cosas para dormir y gritó:

—¿Dónde está Tristecita? Tristecita se llama así porque es el aspecto de nuestro perro panchón. Traté de silbar para que viniera, pero no me salía ningún sonido. Creo que estaba más nervioso de lo que pensaba. Jeff rió y silbó por mí.

Ahora el cielo parecía de fuego, los relámpagos parecían hacer garabatos en las nubes oscuras. El trueno sacudió la tierra. Tristecita me saltó a los brazos y casi me tiró al suelo.

Nos amontonamos en el automóvil, aire volando, ropa golpeando a nuestro alrededor. Las palmeras se doblaban tirándonos cocos. Íbamos apretujados, Tristecita en mi regazo, Rosalba apretada a mi lado con un brazo por encima de mis hombros.

Salimos. El viento nos azotaba con torrentes de agua como un tren de carga y nuestro automóvil resbaló de lado. Alguien gritó. Viramos de nuevo hacia la carretera. Las hojas de las palmeras volaban como flechas. Un coco rebotó contra la parte delantera del automóvil y cayó. Viajamos bajo la lluvia hasta llegar al refugio.

El refugio fue "bullicio y locura" dijo Mamá mientras Rosalba la ayudaba a organizar sus cosas. Abracé a Tristecita, que se veía más triste que nunca, aunque movía la cola como un limpiaparabrisas al ver a gente que conocía. Le dije ¡Buenos días! a mi maestra de español, la señora Lagos. Ella me sonrió.

De pronto se apagaron las luces. Hubo *ohhs* y *ahts* y *oh no* y risas nerviosas. La gente prendió lámparas de querosene, luego se apretujó. Todos quedamos silenciosos. Escuchamos. Estábamos en

los viejos cuarteles de la marina, donde habían vivido los marineros. Estábamos sentados en literas que se hundían y nos encogimos cuando explotó la tormenta contra el edificio. Con un estruendoso choque, el viento arrancó una contraventana. El cristal se quebró y el huracán entró con furia: un cielo lleno de lluvia. Mamá echó una manta sobre nosotros. El lugar temblaba y crujía como un viejo barco en el mar. Sonaba como si los clavos estuvieran gritando dentro de la madera, tratando de mantenerlo todo junto.

En ese momento, Rosalba comenzó a cantar. Empezó muy quedo y pensé que estaba oyendo cosas. Pero sus palabras se hicieron más fuertes. La melodía me era familiar. Jeff se unió. Luego yo. Luego mis padres. Finalmente todos cantaban "Noche de Paz" contra la tormenta, en español. *"Noche de paz...noche de amor..."*

Faltaban meses para las Navidades, pero quizás Rosalba tenía miedo de no sobrevivir y poder cantar villancicos nunca más.

Cantamos hasta que Tristecita se unió con sus aullidos. Aulló como el viento hasta que dejamos de cantar.

Entonces me di cuenta de que el viento disminuía. La lluvia había parado de golpear. El edificio no se había desmoronado.

Todo quedó silencioso.

Mamá me dio un fuerte abrazo y Papá dijo: "Se acabó". Y todos comenzamos a abrazarnos.

De camino a casa oímos que La Perla, un barrio de barracas de latón a las afueras de San Juan, había sido arrasado e inundado por olas gigantes.

Tuvimos suerte. Cuando llegamos a casa, el techo seguía en la casa. Al amanecer el cielo estaba rosado, tan tranquilo como el mar.

—¡Vámonos! —le grité a mi hermano—. ¡Vámonos! Corrimos hacia el sendero del acantilado, bajamos hacia la playa, y nadamos hacia el arrecife. Arriba, Rosalba estaba en el acantilado mirando. Detrás de ella se erguía El Yunque, una de las montañas más altas de Puerto Rico. Estaba tan alto y sereno como siempre, como si nada hubiera pasado.

Bailes y fiestas/Tema 3

10. Esta historia se trata principalmente de _____.
    Ⓐ bucear para ver peces tropicales
    Ⓑ buscar a un perro perdido
    Ⓒ sobrevivir un huracán
    Ⓓ cantar canciones en español

11. Esta historia tiene lugar en _____.
    Ⓐ Estados Unidos
    Ⓑ Puerto Rico
    Ⓒ España
    Ⓓ México

12. La palabra apretujados en esta historia significa _____.
    Ⓐ apretados
    Ⓑ ruidoso
    Ⓒ desempacar
    Ⓓ caminar en el agua

13. Cuando la gente de la historia se entera de la llegada del huracán probablemente se sienten _____.
    Ⓐ seguros
    Ⓑ nerviosos
    Ⓒ perezosos
    Ⓓ preocupados

14. La familia de la historia escapa del huracán refugiándose en _____.
    Ⓐ una isla
    Ⓑ un refugio
    Ⓒ una escuela
    Ⓓ una playa

15. Tristecita es _____ de la familia.
    Ⓐ la niñera
    Ⓑ la casa
    Ⓒ el perro
    Ⓓ el pájaro

16. Rosalba calmó a la gente _____.
    Ⓐ cantando una canción
    Ⓑ rezando
    Ⓒ leyendo poesía
    Ⓓ lavando

17. ¿Cómo sabes que éste no era el primer huracán que habían visto?
    Ⓐ No prestaron atención.
    Ⓑ Jugaron juegos.
    Ⓒ Sabían lo que debían hacer.
    Ⓓ Reían y silbaban.

18. Mamá dijo que el refugio era "bullicio y locura". ¿Qué quiso decir?

Bailes y fiestas/Tema 4

Feliz para siempre
Una torta extraordinaria para un día extraordinario

por Beth Thompson
ilustrado por Amy Wummer

¿Qué pasó ese día extraordinario?

—Es un día extraordinario para una boda —dijo la Sra. Blasco mientras esparcía alcorza de vainilla en la tercera capa de la enorme torta—. Y aunque lo diga yo misma, ¡ésta es una torta extraordinaria! ¿No estás de acuerdo Rubi?

Cuando no oyó ninguna respuesta, la Sra. Blasco miró por encima de su hombro... y casi dejó caer el cuchillo con el que estaba esparciendo la alcorza.

—¡Rubi! —gritó—. ¿Qué estás cocinando?

Rubi Sancho, la asistente pastelera de la Pastelería Blasco, estaba revolviendo una enorme olla humeante.

—¡Es arroz, Sra. B.! —explicó Rubi. Sus rizos largos rebotaban arriba y abajo—. Todas las bodas necesitan arroz. ¿Le añado la mantequilla ahora?

—¡Oh Rubi! —balbuceó la Sra. Blasco—. ¡El arroz es para tirar, no para comer! ¡Necesitamos arroz *sin cocer*! Ahora deja que me encargue yo de todo. No todos los días le encargan a la Pastelería Blasco un pastel para la boda de la hija del alcalde.

—Bert dijo que nos habían seleccionado por su torta de cumpleaños —dijo Rubi—. ¡Dice que el alcalde todavía habla de la torta!

—¡Sí, estoy segura de que es cierto! —respondió la Sra. Blasco. Se estremeció al recordar la torta, un arco iris de alcorza de chocolate y menta que Rubi había hecho, sobre el que había pandas púrpura y chisperos. No se parecía en nada a la torta de vainilla que hubiera hecho la Sra. Blasco. Al fin y al cabo, el lema

Bailes y fiestas/Tema 4

de Blasco estaba escrito en la vitrina: Siempre de buen gusto. Pero Alberto Francisco Campuzano III (conocido también como Bert) había dicho que era la mejor torta que había probado. Y su padre, el alcalde, había estado de acuerdo.

La Sra. Blasco decidió que *esta* torta sería de muy buen gusto. Estaba decorada con alcorza de un blanco crema, rosas de azúcar y palomas, con una novia y un novio en miniatura de porcelana que iban encima de la torta. Y la Sra. Blasco iba a *llevar* esta torta personalmente.

—Es tu día libre, Rubi, así que ve a divertirte —dijo la Sra. Blasco. Temía dejar que Rubi se acercara demasiado a la torta.

—Bueno, Sra. B, si está usted segura, me iré. Voy al parque a probar mis nuevos patines en línea.

El parque estaba lleno de patinadores que patinaban raudos y veloces por los senderos. Rubi se ató los patines y trató de levantarse, pero... ¡ZAS! Cada vez que se levantaba, ¡volvía a sentarse!

—¿Necesitas ayuda Rubi? —Un par de patines en línea verdes patinaron expertamente y se detuvieron. ¡Era Bert Campuzano!

—Podrías darme una mano —dijo Rubi— e incluso dos. —Sujetándose a Bert, se tambaleó sobre el banco. —¿Pero por qué no estás en la boda de tu hermana Milagros?

—Milagros dijo que yo iba a molestar —explicó Bert—. Se supone que llegue a tiempo para caminar por el pasillo a llevarle el anillo, ¡sin

patines! —Bert parecía disgustado —¡Las bodas son aburridas!

—¡Entonces puedes ayudarme con esas ruedas infernales! —dijo Rubi felizmente—. La última vez que patiné, los patines tenían dos tiras de ruedas. ¡Era más fácil mantenerse de pie!

Después de practicar durante una hora, Rubi pudo patinar lentamente y con poco equilibrio a lo largo del sendero. Le compró a Bert un cono de nieve de frambuesa para darle las gracias y ella también se compró uno.

—Lo estás haciendo muy bien Rubi —dijo Bert— ¡pero tengo que irme! Es la hora de la boda aburrida de Milagros. ¡Adiós! Y se fue patinando.

Rubi comenzó a pensar en la boda y se paró a mirar adonde iba. De pronto estaba patinando cuesta abajo de una colina... y ¡acelerando! Rubi casi chocó con el anciano Sr. Escobedo, que les estaba dando de comer a las palomas. Se puso a cubierta, tirando alpiste por encima de Rubi. Siguió patinando, seguida por una bandada de pájaros.

Luego justo esquivó a Julia la señora de los globos... pero los brazos de Rubi se enredaron con los hilos. Globos púrpura y verdes la seguían como si fueran uvas gigantes.

—¡Cuidado! —gritó Rubi—. ¡Patinadora sin control! La gente saltó para salir de su paso cuando ella patinaba hacia las puertas del parque.

Cuando Rubi pasó disparada por el jardín de rosas, se agarró a un rosal para pararse, pero lo único que consiguió fueron unos cuantos pétalos en el pelo y una espina en su pulgar.

A pesar de todo Rubi seguía agarrada de su cono de nieve, y siguió adelante, encaminándose recto ¡hacia el centro de la ciudad!

Mientras tanto, cuando la Sra. Blasco sacaba la torta en una bandeja plateada para ponerla en la camioneta, descubrió que tenía dos reventones.

¿Cómo podía llegar a tiempo a la boda? Luego oyó el ruido que se acercaba.

—¡Socorro! —gritó la Sra. Blasco al ver que una ráfaga con globos y rizos naranja avanzaba rápidamente hacia ella, pero era demasiado tarde. Rubi pasó imparable, agarrando la torta, ¡bandeja y todo! Horrorizada, la Sra. Blasco corrió tras ella gritando "¡Alto, alto!"

¡La boda quedaba justo al paso de la imparable Rubi!

Rubi seguía adelante patinando, con globos y palomas y pétalos. La torta alta se mecía en la bandeja, pero la alcorza de la Sra. Blasco la sujetaba como si fuera cemento y no se perdió ni una capa. Rubi saltó escaleras arriba de la iglesia, los novios de porcelana volaron del pastel. Rubi trató de agarrarlos, pero sus manos estaban llenas de pastel y cono de nieve.

—¡Rubi, usa los frenos! —gritó Bert. ¡Frenos! ¿Por qué no había pensado ella en eso? Rubi chirrió hasta pararse y puso la bandeja entre una lluvia de pétalos de rosa rosados. ¡A salvo!

—¡Qué hermoso! —gritó Milagros—. Pero, ¿dónde están los novios de porcelana?

Triunfante, Rubi los sacó de su cono de nieve de frambuesa.

—¡Aquí están! —gritó, colocándolos en la superficie rosa del pastel. La pobre Sra. Blasco se desmayó del susto, pero Milagros y sus padres estuvieron encantados.

—Chica, Rubi —dijo Bert—, si el matrimonio de Milagros es la mitad de emocionante que su boda, ¡seguro que será feliz para siempre!

¡Alto!
¡Alto!

Instrucciones: Rellena el círculo delante de la respuesta correcta.

1. Esta historia es principalmente acerca de _____ .
   - Ⓐ hacer conos de nieve de frambuesa
   - Ⓑ las aventuras de Rubi
   - Ⓒ vender globos
   - Ⓓ patines en línea

2. ¿Qué estaba haciendo la Sra. Blasco?
   - Ⓐ arroz
   - Ⓑ uvas gigantes
   - Ⓒ una torta de cumpleaños
   - Ⓓ una torta para una boda

3. Rubi usa su día libre para _____ .
   - Ⓐ ir a patinar
   - Ⓑ cocinar arroz
   - Ⓒ jugar con Bert
   - Ⓓ visitar a amigos

4. Bert ayuda a Rubi en el parque enseñándole cómo _____ .
   - Ⓐ comer conos de nieve
   - Ⓑ patinar
   - Ⓒ dar de comer a las palomas
   - Ⓓ recoger flores

SIGUE

Bailes y fiestas/Tema 4

5. En esta historia la palabra imparable significa _____.
- A reducir velocidad
- B hacer carreras
- C no poder arrancar
- D no poder parar

6. Las palabras que mejor describen a Rubi son _____.
- A furiosa y cruel
- B lista e inteligente
- C divertida y torpe
- D asustada y tímida

7. ¿Qué hizo que el día fuera tan extraordinario?
- A La torta llegó a tiempo a pesar de Rubi.
- B La Sra. Blasco hizo la mejor torta de boda que el pueblo había visto.
- C Rubi aprendió a patinar al cabo de una sola lección.
- D A Bert le tocó llevar el anillo.

8. La autora probablemente escribió la historia para _____.
- A explicar cómo se hacen los pasteles de boda
- B enseñarte a patinar
- C describir el pequeño pueblo
- D contar una historia divertida

SIGUE

9. Piensa en otro personaje como Rubi. Podría ser alguien de un libro o de un cuento que hayas leído, alguien de una película o programa de televisión, o alguien que conozcas. Explica en qué se parece tu personaje a Rubi. Usa ideas de la historia para apoyar tus respuestas.

_____
_____
_____
_____
_____
_____
_____
_____
_____
_____
_____
_____
_____
_____
_____
_____
_____
_____
_____
_____

SIGUE

Alicia Elisabeth

por Linda Leopold Strauss
ilustrado por Ann Strugnell

¿Qué le pasó a Alicia Elisabeth?

Alicia Elisabeth podía hacer muchas cosas bien, pero no podía vestirse por la mañana.

Se ponía una media. Se ponía una camisa. Luego se ponía a pensar acerca de una princesa o un barco a vapor en el río. Planeaba su disfraz para el próximo Halloween, o cómo construir un instrumento musical. Todo eso antes del desayuno.

Algunas mañanas a Alicia se le olvidaba en qué dirección iba. Se quitaba la camisa y los calcetines. Se volvía a poner el camisón.

—¿Qué va a ser de ti Alicia Elisabeth? —exclamaba su madre.

Una mañana durante un verano indio, la madre de Alicia sacó los pantalones cortos favoritos de Alicia y las sandalias blancas.

—Alicia Elisabeth, te quiero mucho, pero no quiero que bajes hasta que te hayas vestido —le dijo dulcemente.

Alicia no bajó.

Alicia no bajó hasta diciembre. La nieve estaba alta y Alicia temblaba vestida con los veraniegos pantalones cortos de color rosa.

Su madre dio un suspiro y la mandó a cambiarse.

Alicia volvió a su habitación. Volvió a leer la enciclopedia, le enseñó a su gato a jugar a las canicas e hizo un modelo del universo de Tinkertoys y Kleenex.

Y Alicia creció.

Cuando bajó tres meses más tarde, sus pantalones vaqueros le quedaban demasiado cortos y no podía esconder el faldón de la camisa dentro del pantalón.

Su madre gritó y la mandó de vuelta para que se cambiara.

Alicia volvió a su habitación con ropa de la talla ocho que había heredado de su prima Elinor. Pensó en vestirse, pero una tormenta estalló en el océano. Alicia se encontró naufragada en una isla desierta donde vivió por una semana hasta que la rescataron unos piratas. Luego vivió en el barco pirata, cocinaba las comidas y tomaba el turno de vigía por la tarde.

Una tarde soleada cuando Alicia estaba en lo alto del mástil vigilando para descubrir barcos enemigos, vio a su amigo Rusty caminar hacia la casa con un paquete en la mano.

Rusty miró hacia arriba y saludó.

—¡Feliz cumpleaños Alicia! —le dijo.

¿Feliz cumpleaños?

Alicia miró a su alrededor. Afuera de su ventana había tordos cantando. El castaño estaba cubierto de flores. Era abril. La primavera había llegado mientras Alicia se vestía.

Se había perdido la Navidad y todo el verano. Se había perdido el chocolate caliente y el día de San Valentín, y "El mago de Oz" en la televisión.

—Tu fiesta es a las tres —le dijo Rusty mirando hacia arriba—. Esperan que atiendas, Alicia Elisabeth.

—¡Tierra a babor! —gritó Alicia.

Alicia bajó zumbando del palo mayor y se puso el vestido del año pasado de su prima Elinor. Encontró sus zapatos de charol en el suelo de su armario junto a unas plumas de un viejo

Bailes y fiestas/Tema 4

sombrero. Se sentó en el suelo a diseñar un tocado de indio. Pero se acordó a tiempo.

Alicia miró el reloj: cinco minutos para las tres. Alicia se acordó de los calcetines. Encontró un par enrollados como un huevo en su nido de tordo favorito y se sentó a quitarse los zapatos de nuevo. En la punta de uno de los calcetines había un silbato que había comprado una vez en un desfile de circo. Alicia miró el silbato pensativa. Luego se levantó de un salto.

Abajo, en el comedor, los invitados ya se habían reunido. La lámpara estaba adornada de serpentinas. Sus primos estaban explotando globos. En la torta sobre la mesa habían escrito "Feliz cumpleaños, Alicia Elisabeth" y la madre de Alicia estaba prendiendo las velas. Todos estaban allí menos Alicia.

Y entonces, a las tres en punto, lo oyeron. Comenzó en el rellano de arriba y creció y creció hasta convertirse en un invento de ruido. Se sacudía, saltaba, sonaban bocinas. Temblaba y gritaba y cantaba. Latas sonaban, brazaletes tintineaban.

Encima de todo había un sombrero pirata.

Debajo del sombrero había...

—¡SORPRESA! —gritó Alicia Elisabeth.

¡Y qué sorpresa fue! La madre de Alicia alargó los brazos y Alicia corrió hacia ellos. Su padre la vitoreó. Los niños aplaudieron, excepto su prima más pequeña, que había pedido soplar las velas si Alicia no venía.

Esa noche Alicia subió para irse a la cama. Se lavó la cara y se cepilló el pelo. Puso el despertador a las siete. Y luego, arreglando con cuidado el vestido de fiesta del año pasado de su prima Elinor a su alrededor, Alicia Elisabeth se tendió, completamente vestida y se quedó dormida.

A la mañana siguiente se deslizó por la baranda de las escaleras, comió seis panqueques y llegó a tiempo a la escuela.

---

10. Esta historia se trata principalmente de una niña que _____ .
- Ⓐ tiene una fiesta con globos y serpentinas
- Ⓑ tiene una gran imaginación
- Ⓒ crece y le quedan pequeños sus pantalones vaqueros
- Ⓓ hace un instrumento musical

11. La madre de Alicia está enojada porque Alicia Elisabeth _____ .
- Ⓐ se porta mal
- Ⓑ no cena
- Ⓒ tarda demasiado en vestirse
- Ⓓ no juega nunca con otros niños

12. Alicia no baja a tiempo de su habitación porque _____ .
- Ⓐ es tímida con la gente
- Ⓑ tiene que hacer demasiadas tareas
- Ⓒ trata de llamar la atención
- Ⓓ le gusta demasiado imaginarse cosas

13. Esta historia tiene lugar en _____ .
- Ⓐ una isla desierta
- Ⓑ en casa de Alicia Elisabeth
- Ⓒ en un barco pirata
- Ⓓ en el patio de su prima Elinor

---

14. En esta historia la palabra <u>zumbando</u> significa _____ .
- Ⓐ con rapidez
- Ⓑ sabiamente
- Ⓒ satisfecho
- Ⓓ encantada

15. La familia de Alicia Elisabeth aplaudió porque ella _____ .
- Ⓐ había inventado algo nuevo
- Ⓑ se había puesto su vestido nuevo
- Ⓒ bajó a tiempo para su fiesta
- Ⓓ sopló las velas

16. ¿Qué palabras describen mejor a Alicia?
- Ⓐ imaginativa y lenta
- Ⓑ mezquina y cruel
- Ⓒ trabajadora y ayuda mucho
- Ⓓ considerada y amable

17. ¿Cuál de los siguientes acontecimientos **no** ocurrieron?
- Ⓐ La madre de Alicia sacó los pantalones cortos de color rosa favoritos de Alicia.
- Ⓑ Alicia vio a Rusty abriendo su regalo.
- Ⓒ La madre de Alicia estaba prendiendo las velas.
- Ⓓ Alicia se perdió la Navidad y todo el invierno.

---

18. ¿Qué crees que hará Alicia Elisabeth en mañanas futuras? Usa ideas de la historia para explicar por qué opinas así.

Bailes y fiestas/Tema 5

Juneteenth
Una Fiesta Afroamericana
por Patricia Smith Prather

¿Qué se celebra durante *Juneteenth*?

En Houston, alrededor de 1917, dos mujeres vestidas con sus mejores ropas fueron fotografiadas sentadas en una carreta con ruedas cubiertas de flores de papel.

Cuando Abraham Lincoln era presidente, liberó a todos los esclavos que vivían en los estados que se habían rebelado contra la Unión con la Proclamación de Emancipación del 1 de enero de 1863. Las noticias de este anuncio no llegaron a Texas hasta el 19 de junio de 1865, cuando el general de división Gordon Granger leyó la proclamación en Galveston: "Se informa al pueblo de Texas... que todos los esclavos son libres". En esa época, no había teléfonos ni máquinas fax y los dueños de muchas plantaciones y otros hacendados que tenían conocimiento de la proclamación no les dijeron a los esclavos que eran libres.

Cuando las noticias de libertad llegaron a Texas, corrieron como un reguero de pólvora entre los doscientos mil esclavos afroamericanos del estado. A través de Texas, dejaron las plantaciones, cantando, gritando y bailando de júbilo. Los exesclavos celebraron en caminos, en ciudades y en las plazas de los pueblos.

De la noche al día, la vida cambió. El 18 de junio de 1865, los esclavos de Texas trabajaron desde la salida hasta la puesta del sol sin esperar pago alguno, como lo habían hecho sus antepasados durante décadas. Al día siguiente, eran libres. Como esclavos, no podían tener propiedades, aprender a leer ni a escribir o ganar un salario. Muchos vivían en chozas de una habitación con suelos de tierra. Como seres libres, podían por fin esperar una vida como la de otros texanos y norteamericanos. Habían hablado y soñado con la libertad durante tantos años que prometieron solemnemente no olvidarse nunca del 19 de junio, que se conoce con el nombre más corto de "Juneteenth".

Cada año, después de ese primer *Juneteenth*, los antiguos esclavos se reunían en comunidades por todas partes de Texas el 19 de junio para compartir un día de comidas, oraciones y actividades, para celebrar su libertad. A finales de los años 1800, una celebración típica de *Juneteenth* tenía lugar bajo los árboles en un campo grande. Días antes de la fiesta, los hombres cavaban fosos en el suelo y comenzaban las preparaciones para una barbacoa. En las primeras horas de la mañana de *Juneteenth*, el aroma de la barbacoa de res, pollo, cabra y otras carnes llenaba el aire. Una vez que las familias habían llegado y se habían instalado se celebraba un servicio para rezar y dar las gracias por la libertad.

Tan pronto como estaba lista la barbacoa, la fiesta comenzaba. Las largas mesas estaban cubiertas de manteles y cada familia aportaba algo a la comida: ensalada de patatas, habichuelas, maíz, camotes, frijoles, pasteles, tartas y muchos otros platos deliciosos. Se formaban largas colas. Cada hombre, mujer y niño llenaba su plato. El banquete duraba todo el día o hasta que se había consumido el último bocado.

Además de la comida, los que asistían disfrutaban de la "soda roja", que se convirtió en una tradición de Juneteenth. Nadie sabe el origen de esta tradición, pero todos disfrutaban de esta bebida fría y refrescante. Al principio, la soda roja era probablemente una

Bandas como la formada por este grupo de hombres a principios del siglo 20 proporcionaban animada música bailable en muchas celebraciones de *Juneteenth*.

bebida casera hecha con fresas. Más tarde se servía en botellas y hoy día se encuentran latas de soda roja en todos los refrigeradores portátiles de todas las celebraciones de *Juneteenth*.

Otro bocado tradicional de *Juneteenth* era la sandía fresca. Afortunadamente, la jugosa fruta madura en Texas justo a tiempo para las fiestas de junio.

Hoy, *Juneteenth* sigue siendo un día lleno de actividades divertidas para todas las edades, incluyendo partidos de béisbol, rodeos, representaciones, bailes, concursos de belleza, y fuegos artificiales. *Juneteenth* no estaría completo sin un desfile.

Las celebraciones de *Juneteenth* también incluyen discursos, en general, por un orador conocido que casi siempre habla de la esclavitud, la supervivencia y el significado de la libertad. Bandas tocan *jazz*, *blues*, *zydeco* (una música popular del sur de Louisiana que combina melodías bailables francesas, elementos de música caribeña y *blues*), *gospel* y cualquier otra música alegre. En el pasado, los bailes de *Juneteenth* se celebraban bajo los árboles y algunas veces en pabellones cubiertos. Comenzaban al anochecer y la música podía oírse por millas a la redonda.

Cada año, algunas fiestas de *Juneteenth* se celebran en tierra que ha sido adquirida por una iglesia u otra organización. "*Juneteenth* en Comanche Crossing" es una de tales celebraciones. Se celebra en la ciudad de Mexia, en la zona central de Texas. Es la más antigua y las más conocida del estado. Parece una reunión familiar gigante, con gente que planea sus vacaciones para esa época y vienen de todas partes de Estados Unidos a celebrar *Juneteenth* de una manera tradicional. La tierra pertenece a la Organización del 19 de junio. En Houston, diez acres de tierra adquiridos por exesclavos en 1872 son ahora el parque *Emancipation*, donde una gran fiesta de *Juneteenth* se celebró durante muchos años.

Juneteenth ha sufrido muchos cambios desde que comenzó a celebrarse hace más de ciento treinta años. En sus primeros años, la mayoría de los participantes eran exesclavos que podían recordar todavía el dolor de la esclavitud. Aunque eran libres, *Juneteenth* era uno de los pocos días de cada año en el que podían poner a un lado sus esfuerzos para ganarse la vida. Sin educación ni propiedad, la mayoría se veían forzados a vivir de forma muy parecida a la que vivían bajo la esclavitud, seguían trabajando para sus antiguos amos por salarios miserables. (Este sistema fue conocido con el nombre de *aparcería*.)

Durante la década de 1960, en el punto culminante del movimiento por los derechos civiles, los afroamericanos luchaban por la igualdad de oportunidades de empleo, educación y vivienda. Ya no parecía apropiado celebrar su emancipación de la esclavitud cuando se les seguían negando la igualdad de derechos. Las celebraciones de *Juneteenth* se hicieron menos comunes y en algunas ciudades desaparecieron totalmente.

Para mitades de la década de 1970, *Juneteenth* estaba empezando a resurgir en Texas. Los afroamericanos de Texas, al emigrar hacia otros estados como Colorado y California, llevaban *Juneteenth* con ellos. También se ha extendido a otros estados como Louisiana, Oklahoma, Alabama, Georgia, North Carolina y Florida. En 1980, *Juneteenth* se convirtió en una fiesta oficial del estado de Texas, gracias a Al Edwards, el legislador del estado de Houston, que introdujo un proyecto de ley haciendo de esta fecha un día feriado oficial. Fue el primer día feriado oficial en los Estados Unidos reservado para conmemorar la libertad, cultura y patrimonio de los afroamericanos. Hoy día algunas de las celebraciones de *Juneteenth* son tan grandes que las actividades duran varios días.

Bailes y fiestas/Tema 5

Instrucciones: Rellena el círculo delante de la respuesta correcta.

1. Este pasaje se trata principalmente de _____.
   - Ⓐ la historia de la fiesta de *Juneteenth*
   - Ⓑ por qué les dieron la libertad a los esclavos
   - Ⓒ cómo vivían los esclavos en los años de 1800
   - Ⓓ la Proclamación de Emancipación

2. ¿Cuál fue el resultado de la Proclamación de Emancipación de 1863?
   - Ⓐ Todos obtuvieron trabajo.
   - Ⓑ Los trabajadores recibieron más dinero.
   - Ⓒ Los esclavos de Estados Unidos obtuvieron la libertad.
   - Ⓓ Las ciudades tuvieron más desfiles.

3. ¿Por qué tardaron tanto las noticias de la Proclamación de Emancipación en llegar a Texas?
   - Ⓐ El gobierno se olvidó de comunicárselo a los dueños de plantaciones.
   - Ⓑ Las noticias se divulgaban despacio en los años de 1800.
   - Ⓒ Los papeles se perdieron en Washington.
   - Ⓓ Los esclavos querían guardar el secreto.

4. *Juneteenth* celebra el día en el que _____.
   - Ⓐ los esclavos texanos supieron que eran libres
   - Ⓑ Abraham Lincoln subió a la presidencia
   - Ⓒ se publicó la Proclamación de Emancipación
   - Ⓓ Estados Unidos se convirtió en un país libre

5. La fiesta de *Juneteenth* originó en el estado de _____.
   - Ⓐ Louisiana
   - Ⓑ Texas
   - Ⓒ California
   - Ⓓ Georgia

6. La fiesta de *Juneteenth* tiene lugar el _____.
   - Ⓐ 13 de junio
   - Ⓑ 14 de junio
   - Ⓒ 18 de junio
   - Ⓓ 19 de junio

7. En este pasaje la palabra <u>orador</u> significa _____.
   - Ⓐ desfile
   - Ⓑ alguien que habla
   - Ⓒ pabellón
   - Ⓓ reunión

8. ¿Qué pasó cuando los afroamericanos de Texas se mudaron a otros estados?
   - Ⓐ *Juneteenth* se hizo popular a través de Estados Unidos.
   - Ⓑ Menos personas celebraron *Juneteenth*.
   - Ⓒ Los desfiles fueron más grandes que nunca.
   - Ⓓ Más gente bebió refrescos de fresa.

9. Imagínate que fueras la persona que tenía que convencer a la legislatura del estado de Texas que *Juneteenth* debía convertirse en día feriado oficial. ¿Qué les dirías? Usa ideas del pasaje además de otras cosas que hayas aprendido para apoyar tu respuesta.

Siguiendo a los elefantes
por George W. Frame

¿Adónde van los elefantes?

Una tarde soleada, fui en bicicleta a los embalses que estaban cerca de mi casa en el África Occidental para observar a los elefantes. Soy biólogo y mi trabajo era trabajar con docenas de científicos y estudiantes. Tenía que estar enterado de todos sus proyectos, incluyendo la investigación de elefantes.

Quería saber si los elefantes habituales estaban en los embalses. El tiempo era muy caluroso, así que podía imaginarme lo mucho que estaban disfrutando del agua los elefantes.

Varios embalses que se construyeron de tierra y rocas en la cuenca seca del río se llenan de agua durante las lluvias. Su reserva dura hasta el final de la estación seca venidera, proporcionando agua para la gente y los animales salvajes en esa parte sur del Burkina Faso.

El agua para la población es extraída de un pozo más abajo del embalse por medio de bombas. Pero los animales salvajes pueden ir hasta la orilla del agua a beber. Los embalses están en un área llamada *reserva*, donde estrictas leyes evitan que alguien dispare a los animales que visitan los embalses.

Elefantes intrépidos

La mayoría de los antílopes y jabalíes son tímidos. Vienen a beber por la noche. Pero no es así con los elefantes. Vienen sin temor durante el día, no nos hacían ningún caso a nosotros, que nos habíamos reunido para observarlos, y pescan en el embalse. Los elefantes "saben" que están seguros aquí, en el corazón de la reserva.

Bailes y fiestas/Tema 5

Observé cómo familia tras familia de elefantes venía al agua a beber y a bañarse. Cada familia consistía en una hembra vieja, sus hijas y sobrinas mayores y todos sus "niños". A veces un macho acompañaba a la familia.

Mis amigos que estudian a los elefantes pueden distinguir a la mayoría de los elefantes individualmente. Estos científicos los conocen por su tamaño y por la forma de sus colmillos, cualquier muesca o agujero en las orejas, la ausencia de cola y otras marcas y cicatrices.

Conocía a un viejo elefante macho que a menudo pasaba sus días cerca de mi casa. No tenía colmillos, lo que era raro para un elefante macho africano.

Otro elefante macho tenía roto el colmillo izquierdo, sólo le quedaba la raíz y me preguntaba si tenía un dolor de muelas gigantesco. Una hembra tenía un agujero redondo en la oreja, lo que me hacía pensar ¡cómo le caería un pendiente!

Eran más inteligentes de lo que yo me imaginaba

Los elefantes eran parte de mi trabajo. Así es que a veces ayudaba a los investigadores a poner collares con radios a los elefantes para ver adónde viajarían.

Por supuesto, los elefantes eran fáciles de encontrar cuando estaban cerca de pueblos y de carreteras. A menudo no tenía ni que dejar mi casa para encontrar elefantes, tan sólo tenía que mirar por la ventana. Pero a veces los elefantes parecían desaparecer. Ahí es cuando una señal de radio viene bien.

¡Trabaja rápido!

Para poner un collar de radio en un elefante, le disparábamos un dardo jeringa al elefante, lo que le daba al animal una medicina que lo hacía dormir. Cuando el elefante se acostaba en el suelo, le levantábamos las orejas y le poníamos una radio alrededor del cuello. El collar se ajustaba detrás del cráneo y las mandíbulas y quedaba escondido por sus enormes orejas.

Nos apresurámos a encajar juntos y cerrar los extremos del collar. Luego le dimos un tipo de medicina distinta para despertarlo y corrimos para alejarnos y poder observar sin peligro.

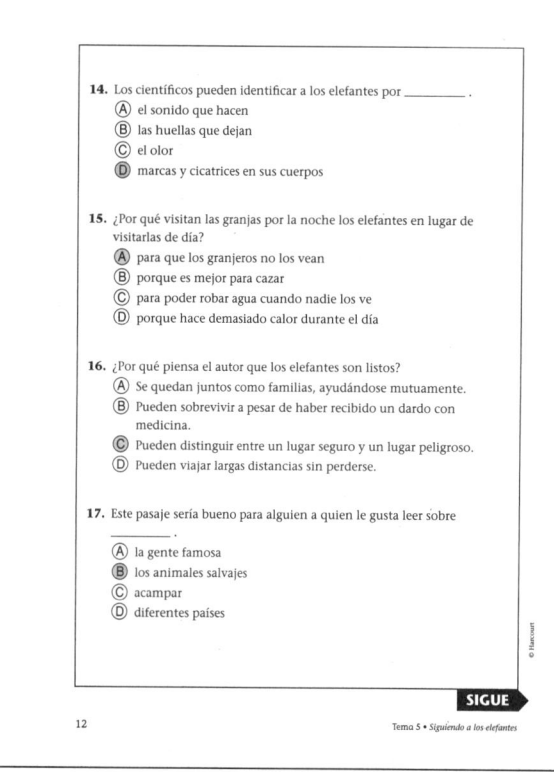

Cuando rastreábamos elefantes, a veces tenía que manejar en la oscuridad a través de tierras cubiertas por matorrales, con dos investigadores, Urbain Belemsobgo y Benoit Doamba, quienes trabajan para el gobierno de Burkina Faso.

Nos parábamos y trepábamos a lugares altos, encima del camión o una pila de rocas, con la antena y el receptor de radio en la mano. Con los auriculares puestos y girándonos lentamente en todas direcciones, tomamos turnos escuchando la más leve señal de radio de un collar lejano.

Estábamos decididos a averiguar adónde iban los elefantes por la noche. Normalmente conseguíamos oír la señal de pip, pip, pip de la radio, lo que nos indicaba la dirección.

Pero no siempre nos indicaba la distancia a la que se encontraba el elefante. Una señal débil a menudo significaba que el elefante estaba a muchas millas de distancia. A veces el elefante estaba cerca, pero las señales de radio eran débiles porque estaban parcialmente cortadas por árboles y rocas, o incluso por otros elefantes.

Teníamos que ir en la dirección de la señal para saber lo lejos que estaba el elefante. También queríamos ver lo que el elefante estaba haciendo y quién estaba con él. Después de una larga noche de rastrear elefantes, volvíamos a casa y nos desplomábamos en la cama.

Elefantes furtivos

Tratar de hallar la señal de radio valía cualquier esfuerzo. Aprendimos que en la oscuridad algunos elefantes caminan rápidamente muchas millas afuera del área protegida para buscar distintas comidas, incluyendo las cosechas de los granjeros. A los elefantes les encanta comer maíz y mijo.

A veces los granjeros disparan a los elefantes y ésta es una lección que los elefantes más viejos han aprendido bien: al atacar una granja inesperadamente el elefante corre peligro de morir de un balazo. Para los elefantes, el truco está en atacar la granja cuando todos están durmiendo. Justo antes del amanecer, los elefantes apresuran a sus familias a volver a la seguridad de la reserva.

Siempre supe que los elefantes eran listos. Al identificar los individualmente y usar los collares radio para encontrarlos, aprendimos que los elefantes viajan diariamente para satisfacer sus necesidades alimenticias y para beber a la vez que evitan el peligro. Los elefantes nos muestran que ellos saben que en algunos lugares la gente es peligrosa y en otros sitios ¡no lo es!

---

10. El pasaje es principalmente sobre _____.
- Ⓐ cómo son capturados los elefantes
- Ⓑ lo que comen los elefantes
- Ⓒ cómo estudian los científicos a los elefantes
- Ⓓ cómo encuentran agua los elefantes

11. El autor de este pasaje es un _____.
- Ⓐ guarda de zoológico
- Ⓑ científico
- Ⓒ estudiante
- Ⓓ granjero

12. ¿En qué se diferencian las costumbres para beber de los elefantes de las de los antílopes?
- Ⓐ Los elefantes beben sólo una vez por semana.
- Ⓑ Los elefantes beben en parejas.
- Ⓒ Los elefantes beben durante el día.
- Ⓓ Los elefantes beben después de comer.

13. Los científicos les ponen collares a los elefantes para _____.
- Ⓐ ver adónde van
- Ⓑ medir sus cuellos
- Ⓒ estudiar la piel del elefante
- Ⓓ hacer que se vayan los elefantes

14. Los científicos pueden identificar a los elefantes por _____.
- Ⓐ el sonido que hacen
- Ⓑ las huellas que dejan
- Ⓒ el olor
- Ⓓ marcas y cicatrices en sus cuerpos

15. ¿Por qué visitan las granjas por la noche los elefantes en lugar de visitarlas de día?
- Ⓐ para que los granjeros no los vean
- Ⓑ porque es mejor para cazar
- Ⓒ para poder robar agua cuando nadie los ve
- Ⓓ porque hace demasiado calor durante el día

16. ¿Por qué piensa el autor que los elefantes son listos?
- Ⓐ Se quedan juntos como familias, ayudándose mutuamente.
- Ⓑ Pueden sobrevivir a pesar de haber recibido un dardo con medicina.
- Ⓒ Pueden distinguir entre un lugar seguro y un lugar peligroso.
- Ⓓ Pueden viajar largas distancias sin perderse.

17. Este pasaje sería bueno para alguien a quien le gusta leer sobre _____.
- Ⓐ la gente famosa
- Ⓑ los animales salvajes
- Ⓒ acampar
- Ⓓ diferentes países

Bailes y fiestas/Tema 5

18. Haz una lista de lo que crees son los tres hechos más importantes que has aprendido de este pasaje. Luego, explica por qué son importantes los hechos que seleccionaste.

ALTO

Tema 5 • Siguiendo a los elefantes   13

Bailes y fiestas/Tema 6

El carácter chino de las diez mil pinceladas

por Diana C. Conway
ilustrado por Wenhai Ma

¿Qué aprende Pequeño Liang?

—Te voy a contar un historia muy antigua, pero primero voy a explicarte algo sobre cómo escribir el chino.

En inglés se usa el ABC para leer y escribir. En China tenemos un modo diferente para leer y escribir.

Esto es lo que puedes ver si abres un libro chino. Los pequeños dibujos se llaman caracteres.

一会儿象莲花，
一会儿象棉花，
刚才还是大天鹅，
转眼又成小飞马……
白云啊，白云，
你是真正的魔术家。
小朋友要开联欢会，
你来个节目好吗？

Este carácter significa "persona".   人

La palabra "grande" parece una persona con los brazos abiertos.   大

Tema 6 • El carácter chino de las diez mil pinceladas   1

Añádele otra línea y tienes la palabra "cielo".

天

Antiguamente la gente escribía chino con un pincel. Los niños aprendían a contar las pinceladas de cada carácter.

El carácter para la palabra "persona" tiene dos pinceladas.   人

"Grande" tiene tres.   大

"Cielo" tiene cuatro.   天

Una vez un muchacho trató de escribir un carácter con diez mil pinceladas. Esta es la historia.

Pequeño Liang vivía en China hace mucho tiempo. Cuando cumplió los siete años, su padre dijo: "Mañana vas a comenzar a ir a la escuela y aprender a escribir".

—No, gracias —le respondió Pequeño Liang—. A mí me gusta jugar afuera.

—Mañana a la escuela, muchacho. No quiero oír ni una palabra más.

A la mañana siguiente Pequeño Liang fue a la escuela con su pincel de escribir. Su maestro le

2   Tema 6 • El carácter chino de las diez mil pinceladas

---

mostró cómo hacer una pincelada para escribir el número uno.

—Es fácil —dijo Pequeño Liang.

Al día siguiente aprendió a hacer dos pinceladas para escribir el número dos.

—Bueno —dijo— ¿quién necesita ir a la escuela? Apuesto a que puedo escribir el número tres yo solo.

Y por supuesto, el tercer día de escuela, el maestro escribió "tres" en el papel exactamente como lo esperaba.

一 二 三

—Ya no necesito aprender más —dijo Pequeño Liang. Se escapó de la escuela y fue a buscar pájaros en el bosque.

Al día siguiente salió de su casa con su bolsa. Pero no fue a la escuela.

—Sé todo lo necesario —dijo—. Me iré a pescar. —Y se marchó hacia el río.

Por el camino se encontró con Anciano Sr. Wan.

—¿Cómo no estás en la escuela Pequeño Liang?

—Sé todo lo necesario —Sr. Wan.

—Eso es maravilloso —le dijo el anciano—. Yo no aprendí nunca muchos caracteres. ¿Puedes ayudarme a escribir una carta a mi hijo?

Pequeño Liang fue a casa de Mr. Wan. Sacó un pincel y tinta de su bolsa.

—Primero voy a escribir la dirección. ¿Cómo se llama su hijo?

—Wan Bai Qian.

En chino, "wan" significa diez mil, "bai" significa cien y "qian" significa mil.

Pequeño Liang comenzó a dar pinceladas. Una, dos, tres, cuatro, cinco... diez... veinte... treinta.

Pronto comenzó a dolerle la mano de tanto escribir.

—¡Mire cuántas pinceladas he hecho! ¿Por qué no se llama Sr. Diez Mil y no Sr. Uno?

—Lo siento Pequeño Liang. ¿Por qué no usas mi peine? Puedes mojarlo en la tinta y hacer muchas líneas al mismo tiempo.

Tema 6 • El carácter chino de las diez mil pinceladas   3

Bailes y fiestas/Tema 6

En ese momento el maestro pasó por la calle. Oyó el nombre "Pequeño Liang". Miró adentro y vio a un niño escribiendo con un peine.

—¿Qué es esto? —preguntó.
—Estoy escribiendo el nombre del Sr. Wan.

El maestro levantó el pincel y dio tres pinceladas.

万

—Así se escribe el número diez mil —dijo.
—¿Sólo tres pinceladas? —la cara de Pequeño Liang se puso colorada como una cereza.
—Sólo tres pinceladas —dijo el maestro.

Al día siguiente Pequeño Liang volvió a la escuela.

Hoy día, en China los niños escriben con lápices y plumas. Los más afortunados puede que incluso tengan computadoras con caracteres chinos. Como pasatiempo, la gente sigue probando la escritura a pincel. Aprenden a hacer caracteres con cinco, diez o incluso quince pinceladas. ¡Todos se alegran de que no hay ningún carácter chino de diez mil pinceladas!

Instrucciones: Rellena el círculo delante de la respuesta correcta.

1. Esta historia se trata principalmente de un niño que aprende _____.
   - A cómo ayudar a un anciano
   - B que es el niño más pequeño de la clase
   - **C** que no lo sabe todo
   - D a leer caracteres chinos

2. Los dibujos chinos de esta historia se llaman _____.
   - A palabras
   - B ABC
   - **C** caracteres
   - D pinceles

3. ¿Por qué no quería comenzar a ir a la escuela Pequeño Liang?
   - **A** No le gustaba escribir.
   - B Le gustaba jugar afuera.
   - C No tenía amigos.
   - D Quería ir a pescar con su papá.

4. Una de las primeras cosas que Pequeño Liang aprendió en la escuela fue _____.
   - **A** escribir números
   - B leer historias
   - C jugar a las damas
   - D dibujar

---

5. ¿Cuántas pinceladas creía Pequeño Lian que se necesitaban para escribir el nombre del hijo del Sr. Wan?
   - A dos
   - B tres
   - C mil
   - **D** diez mil

6. Cuando el autor dice "La cara de Pequeño Liang se puso colorada como una cereza", quiere decir que Pequeño Lian _____.
   - A tenía fiebre
   - B comió cerezas a la hora de comer
   - **C** se sintió avergonzado
   - D se sentía feliz

7. ¿Quién le enseñó a Pequeño Liang cómo escribir el nombre del hijo del Sr. Wan?
   - A El anciano Sr. Wan
   - **B** el maestro
   - C otro estudiante
   - D Wan Bai Qian

8. Esta historia es _____.
   - **A** un cuento tradicional
   - B una biografía
   - C un verso infantil
   - D un misterio

---

9. ¿Qué lección aprendió Pequeño Liang en esta historia?

_____

Teacher's Edition / Grade 4

Bailes y fiestas/Tema 6

Flotando en el aire

por Kelly Milner Halls
fotografía de Ron Behrmann

¿Cómo es volar en un globo?

Cuando llega el sábado por la mañana, Nicholas Behrmann, de diez años de edad, no se echa a descansar. Se arrastra fuera de la cama antes de la salida del sol, se pone varias capas de ropa de abrigo y se dirige hacia el cielo abierto en un globo.

—Todavía es de noche cuando llegamos al campo para despegar en el globo —dice Nicholas. Mientras ayuda a su padre a descargar el equipo necesario para tener éxito en un vuelo sobre Nuevo Mexico, Nicholas piensa en deslizarse tranquilamente entre las nubes.

Los hornillos de fuego calientan el aire en el globo, haciendo que se eleve.

Listos para despegar

Como la mayoría de los deportes, trabajo y seguridad son lo más importante en la aerostación.

—Incluso antes de que podamos comenzar a descargar, llenamos un globo de prueba con helio y lo soltamos —explica Nicholas—. En esa prueba se observa la trayectoria del globo para descubrir la dirección del viento y lo fuerte que sopla.

Si el cielo está seguro, es hora de preparar la cesta, comprobar el equipo e hinchar el globo.

—Ponemos ventiladores para hinchar el globo de aire —dice Nicholas—. Cuando está lo suficientemente hinchado encendemos los hornillos de llama viva para calentar el aire —El aire calentito hace que el globo deje el suelo con elegancia.

Según Nicholas, el proceso completo, comprobar el viento, descargar el equipo y llenar el globo, toma treinta minutos o menos.

—No está mal del todo —dice—, sobretodo si se considera la diversión que viene a continuación.

¡Arriba y en marcha!

El papá de Nicholas, Ron, dice que la mayoría de pilotos de globo sienten un nudo en el estómago mientras el equipo de tierra deja libre el enorme globo.

—Aunque lo hayas hecho cientos de veces —dice Ron— esta sensación es la misma... esa sensación de aventura.

Pero volar en globo no es nada nuevo para Nicholas. Hizo su primer vuelo, acomodado en los brazos de su madre, cuando tenía sólo seis semanas. A los seis meses, Nicholas voló en la cesta sin que lo sujetaran. La madre de Nicholas dice: "Su primera palabra no fue 'mamá' ni 'papá'. Fue 'globo'."

Dentro de quince minutos, Nicholas y su papá subirán a la altura increíble de 2,500 pies.

—Todos creen que da miedo, pero no es cierto —dice Nicholas—. Hasta mi abuela que tiene miedo a la altura, subió. Al cabo de dos horas, no quería bajar.

Mientras las altas corrientes giran juguetonas alrededor del globo, los pilotos de globo tienen una vista de la tierra desde lo alto.

—Los automóviles parecen micromáquinas —dice Nicholas—. Todo se ve realmente pequeño. También puede verse movimiento y uno se imagina que son probablemente animales o gente en bicicleta. Pero estamos tan altos, que realmente no podemos saber qué es lo que se mueve.

Por supuesto hay cosas que ver aquí en el aire.

—He visto grullas y patos, y hasta águilas y halcones. A veces se acercan y dan vueltas alrededor del globo. Supongo que sienten curiosidad. Me gusta mucho ver a los animales.

¿En control?

—Soy demasiado joven para pilotar oficialmente —dice Nicholas—. Pero a veces vuelo con la ayuda de mi papá.

—No puedes controlar realmente adónde vas; los vientos te llevan hacia donde vas a ir —comenta Nicholas—. Pero puedes controlar si quieres ir hacia arriba o hacia abajo —añade—. Se aumenta el fuego de los hornillos y vamos hacia arriba. Se deja escapar aire del globo y comenzamos a <u>descender</u>. —Lo cual según Nicholas es lo segundo entre lo mejor de volar en globo. —Me encanta descender ¡RÁPIDAMENTE!

Sin embargo, Nicholas admite que no todo es diversión.

—Algunas veces nos encontramos en repentinas ráfagas de viento. Si hay otros globos cerca acabamos dando círculos alrededor uno del otro. Eso puede dar miedo porque las ráfagas pueden llevarte directamente al suelo.

—Hay menos accidentes en globo que cuando la gente simplemente va por la calle —se apresura a decir el joven aficionado al vuelo en globo.

—Volar es mucho más divertido —añade con una sonrisa.

Hay globos de todas los tamaños y formas.

---

10. Este pasaje se trata principalmente de _____ .
    - Ⓐ cómo se hacen los globos
    - Ⓑ la historia de la aerostación
    - Ⓒ las diferentes maneras en que pueden volar las personas
    - Ⓓ el amor de un muchacho por volar en globos

11. En este pasaje la palabra <u>descender</u> significa _____ .
    - Ⓐ subir
    - Ⓑ bajar
    - Ⓒ ir de lado a lado
    - Ⓓ reducir la velocidad

12. Una de las razones por las que los pilotos de globo lanzan un *globo de prueba* es que _____ .
    - Ⓐ comen cuando tienen hambre cuando están en el aire
    - Ⓑ lo pueden tirar del globo si hay demasiado peso
    - Ⓒ pueden jugar si se aburren en el aire
    - Ⓓ pueden averiguar la dirección en la que volará el globo

13. Si subes los hornillos en un globo, el globo _____ .
    - Ⓐ subirá
    - Ⓑ bajará
    - Ⓒ irá de lado a lado
    - Ⓓ reducirá de velocidad

SIGUE ▶

Bailes y fiestas/Tema 6

14. Nicholas cuenta la historia de su abuela para convencer a los lectores de que _____ .
    - (A) volar no es para todos
    - (B) volar puede ser divertido para todos
    - (C) volar es un deporte para la gente joven
    - (D) los que tienen miedo de las alturas no deben volar

15. ¿Cuál de las siguientes es una **opinión** del pasaje?
    - (A) Volar en globo es muy divertido
    - (B) Llenan un pequeño globo con helio.
    - (C) Nicholas es demasiado joven para ser un piloto oficial.
    - (D) los globos pueden subir 2,500 pies

16. La información de este pasaje ayudaría a una persona que quiere _____ .
    - (A) probar el vuelo en globo
    - (B) averiguar sobre la invención del globo
    - (C) escribir un informe sobre pilotos famosos
    - (D) hacer un proyecto de ciencias sobre volar

17. ¿Qué libro sería mejor para buscar más información sobre volar en globo?
    - (A) *¿Cómo vuelan los pájaros?*
    - (B) *Amelia Earhart: piloto de avión famosa*
    - (C) *El mejor pasatiempo del mundo, modelos de aviones*
    - (D) *La historia de los globos*

SIGUE

18. ¿Te gustaría volar en globo? Explica por qué sí o por qué no. Usa la información del pasaje para apoyar tu respuesta.

ALTO

Teacher's Edition / Grade 4

¡Vamos de fiesta!   EVALUACIÓN INTEGRAL DE LECTURA   *Bailes y fiestas*

Class Record Form

Teacher _____ School _____

Student Name	Total Score	Theme 1 Date ___ Comments	Total Score	Theme 2 Date ___ Comments	Total Score	Theme 3 Date ___ Comments

¡Vamos de fiesta!   EVALUACIÓN INTEGRAL DE LECTURA   *Bailes y fiestas*

Class Record Form

Teacher _____ School _____

Student Name	Total Score	Theme 4 Date _____ Comments	Total Score	Theme 5 Date _____ Comments	Total Score	Theme 6 Date _____ Comments

© Harcourt

Fecha _____

Estimados familiares,

Recientemente su hijo realizó una prueba corta de comprensión de lectura del programa ¡Vamos de fiesta! Después de terminar una unidad o un tema, se le administró la prueba para verificar el progreso de su hijo en este programa.

En esta prueba su hijo leyó dos selecciones por su cuenta y luego contestó varias preguntas de comprensión. Las preguntas eran de opción múltiple y de respuesta abierta. Para contestar las preguntas de respuesta abierta, su hijo escribió las respuestas por sí mismo, usando ideas de la selección.

Los resultados de esta prueba muestran el nivel de rendimiento de los estudiantes. El nivel de rendimiento de su hijo aparece a continuación:

❏ *Avanzado*   ❏ *Hábil*   ❏ *Básico*   ❏ *Limitado*

Nivel de rendimiento en la lectura

Avanzado	**Hábil**	**Básico**	**Limitado**
Su hijo realiza muy bien su trabajo en el programa y probablemente continuará sin ninguna dificultad.	Su hijo realiza bien su trabajo en el programa pero quizás necesite alguna ayuda.	Su hijo experimenta alguna dificultad en el programa y por lo general necesita ayuda adicional.	Su hijo experimenta mucha dificultad en el programa y siempre necesita mucha ayuda.

Favor de ponerse en contacto conmigo si tienen alguna pregunta acerca de esta prueba o si desean recibir algunas sugerencias de actividades que se pueden llevar a cabo en casa para apoyar el desarrollo de lectura de su hijo.

Atentamente,

Comentarios adicionales:

_____
_____
_____
_____

Teacher's Edition / Grade 4

Evaluación integral de lectura

Bailes y fiestas / Tema 1

Resumen del rendimiento

Nombre _____ Grado _____ Fecha _____

Pasaje 1   Puntuación del alumno   Comentarios

     Opción múltiple (1–8)   _____   _____

     Respuesta abierta (9)   _____   _____

Pasaje 2   Puntuación del alumno   Comentarios

     Opción múltiple (10–17)   _____   _____

     Respuesta abierta (18)   _____   _____

Puntuación total   _____   _____

Nivel de rendimiento

Lector avanzado	Lector hábil	Lector básico	Lector limitado
19–20	16–18	13–15	Menos de 13

☐ El estudiante recibió ayuda mientras tomaba esta prueba.

Comentarios: _____

_____

_____

_____

Copyright © by Harcourt, Inc.

All rights reserved. No part of this publication may be reproduced or transmitted in any form or by any means, electronic or mechanical, including photocopy, recording, or any information storage and retrieval system.

Teachers using ¡VAMOS DE FIESTA! may photocopy complete pages in sufficient quantities for classroom use only and not for resale.

HARCOURT and the Harcourt Logo are trademarks of Harcourt, Inc.

For permission to translate/reprint copyrighted material, grateful acknowledgment is made to the following sources:

Children's Better Health Institute, Indianapolis, IN: "The Coolest Kid in Class" by Melissa Knight, illustrated by Jimmy Holder from *U. S. Kids,* A *Weekly Reader* Magazine, March 1996. Copyright © 1996 by Children's Better Health Institute, Benjamin Franklin Literary & Medical Society, Inc.

Highlights for Children, Inc., Columbus, OH: "Dreams on a Mesa" by Terri Anderson, illustrated by Andrea Shine from *Highlights for Children* Magazine, October 1997. Copyright © 1997 by Highlights for Children, Inc.

Printed in the United States of America

ISBN 0-15-317589-3

2 3 4 5 6 7 8 9 10 022 2003 2002 2001

El más popular de la clase

por Melissa Knight
ilustrado por Jimmy Holder

¿Qué aprendió Sam sobre sí mismo?

Soy el niño más popular de la clase. Siempre lo he sido. Es un don. Nunca presumo de eso. Les caigo bien a todos. Sé cómo vestirme, qué decir y cómo decirlo. Ya sabes, de esa manera especial.

Por eso cuando el doctor González me dijo que necesitaba anteojos, me asusté.

—¿Anteojos? No, no puede ser. No me quedarían bien —dije. Me miré en el espejo y me arreglé el pelo. Aunque, tuve que achicar un poco los ojos para poder verme.

El Dr. González no pareció sorprendido.

—Te verás aún mejor con los anteojos —dijo—. Además, tus ojos son muy importantes y no deben descuidarse. ¿Te acuerdas de los dolores de cabeza que has tenido últimamente? Desaparecerán en cuanto te pongas los anteojos. Tus ojos no tendrán que trabajar tan duro.

Miré a Mamá. Tenía esa mirada de "no te atrevas conmigo, soy tu madre".

—Vamos a elegir una montura —sugirió firmemente.

Yo gruñí.

Las monturas que elegí me quedaban bastante bien, pero no quería que me viera nadie.

Al día siguiente, cuando fui a la escuela, nadie dijo nada de mis anteojos. Probablemente porque no los llevaba puestos. Los metí en mi mochila tan pronto como Mamá me dejó en la escuela. *Esto va a ser muy fácil,* pensé mientras entraba en la clase de la Sra. Holtkamp.

Desgraciadamente no lo fue.

—Hola Sam —dijo la Sra. Holtkamp mientras yo dejaba los libros en mi pupitre—. ¡Me llamó tu Mamá y me dijo que tenías anteojos nuevos!

Casi me muero. Todos mis compañeros dejaron de charlar para mirarme. ¡Tenía que actuar con calma! Simplemente sonreí y fui hacia el sacapuntas.

Jaime me siguió.

—¿Dónde están? —preguntó.

—¿Dónde están qué? —le contesté, mientras seguía sacándole punta al lápiz.

—Tus anteojos —dijo Jaime—. ¿Por qué no los llevas puestos?

Miré a Jaime. Es un chico simpático, pero no somos amigos ni nada.

—No los necesito mucho —le contesté afilando más el lápiz.

—Mm... —Jaime me miró con una expresión extraña—. Quizás deberías...

—Veo perfectamente bien sin ellos —dije interrumpiéndolo. Le sonreí con frialdad.

—Estás afilando un marcador —dijo Jaime tranquilamente.

Menos mal que sonó el timbre en esos momentos. Volví a mi asiento medio mareado, con el marcador destrozado en la mano.

Jaime pasó por mi lado para ir a su pupitre. Esperé que se burlara de mí y les contara a los compañeros lo que había hecho. No lo hizo.

La Sra. Holtkamp me hizo poner los anteojos cuando comenzó la clase. Todos me miraron. Tenía *tanta* vergüenza.

Me sentí triste toda la mañana. Cuando llegó la hora de recreo, me puse los anteojos en el bolsillo de la camisa, pero sabía que era demasiado tarde. Ya no era el más popular.

—¡Eh, Sam, vamos a jugar al fútbol —dijo

Brandon cuando salíamos.

—No, yo no. Vayan ustedes —contesté.

—¿Estás enfermo? —dijo Brandon sorprendido— ¿No habrás cogido el sarampión?

—¿Cómo se te ocurre eso? —dije con mal humor— Me siento bien.

—Te estás poniendo muy raro —otro compañero estuvo de acuerdo.

Por fin me dejaron en paz. Mientras los demás jugaban al fútbol, yo me paseaba cerca de los columpios, tratando de ser invisible.

Desgraciadamente, no lo era. Al cabo de un rato, Jaime se acercó.

—¿Por qué no vienes a jugar al fútbol con nosotros? —preguntó.

—Por que no quiero —le contesté con un gruñido.

—Es por los anteojos, ¿verdad? —dijo Jaime poco convencido.

Lo miré sorprendido. ¿Cómo lo sabía?

—Sentí lo mismo cuando me dieron anteojos el año pasado —me explicó Jaime—. Estaba convencido de que me veía muy raro.

—Pero tú no te ves raro —le dije—. Tú te ves como se supone que te veas. Para mí es diferente.

—¿Qué quieres decir? —Jaime parecía sorprendido.

Suspiré. ¿Cómo podía explicarlo?

No entiendes —le dije— yo soy muy popular, ¿no? Voy vestido de cierta manera, y si cambio mi apariencia, no seré popular.

—Sam, tú eres popular porque eres simpático. Te portas bien con la gente. El que lleves anteojos o no los lleves, no tiene nada que ver —dijo Jaime mirándome como si yo estuviera loco.

—¿Quieres decir que sigo siendo popular? —dije dándole una mirada llena de esperanza.

—Bueno...vas muy despeinado hoy —dijo.

Sentí horror. Fui a agarrar mi peine pero me paré. ¿Estaba Jaime, el chico poco popular, tomándome el pelo a *mí*?

En lugar de sacar el peine, saqué los anteojos y me los puse. Miré a Jaime. Sí, vi una chispa en sus ojos.

—Bueno, supongo que veo mejor con los anteojos —dije—. A lo mejor hasta voy a jugar mejor al fútbol ahora.

—Eso espero —dijo riéndose.

¿Les dije que era el chico más popular de la clase? Bueno, lo soy.

Después de Jaime, claro.

Instrucciones: Rellena el círculo delante de la respuesta correcta.

1. Este cuento se trata principalmente de _____ .
   - Ⓐ cómo comenzar un partido de fútbol
   - Ⓑ lo que realmente hace que Sam sea popular
   - Ⓒ por qué es importante hacer la tarea
   - Ⓓ por qué Jaime bromea con Sam

2. Surge un problema en la vida de Sam cuando se entera de que _____ .
   - Ⓐ su madre había llamado al maestro
   - Ⓑ sus amigos piensan que es raro
   - Ⓒ no puede jugar al fútbol
   - Ⓓ tiene que llevar anteojos

3. Primero, Sam trató de no ponerse los anteojos porque _____ .
   - Ⓐ le daban dolor de cabeza
   - Ⓑ su madre le dijo que los tenía que llevar puestos
   - Ⓒ tenía miedo de lo que iban a pensar sus amigos
   - Ⓓ no eran cómodos

4. Sam pensaba que para ser popular tenía que _____ .
   - Ⓐ tener anteojos nuevos
   - Ⓑ no acercarse a Jaime
   - Ⓒ tener un cierto modo de vestir
   - Ⓓ llevar sus libros en una mochila

SIGUE

5. La palabra <u>achicar</u> en este cuento significa _____ .

- (A) discutir
- (B) vestirse
- (C) cosas
- (D) empequeñecer

6. Los otros niños empezaron a pensar que Sam _____ .

- (A) no era tan popular como de costumbre
- (B) actuaba de un modo extraño
- (C) veía mejor que nunca
- (D) hacía tonterías

7. ¿Quién convence a Sam de que se ponga los anteojos?

- (A) Jaime
- (B) el Dr. González
- (C) su mamá
- (D) la Sra. Holtkamp

8. ¿Qué lección aprendió Sam?

- (A) Es importante decir la verdad.
- (B) Para tener amigos debes portarte como un amigo.
- (C) Ser popular no depende de cómo se viste uno.
- (D) No pierdas la paciencia en cuanto los amigos te hacen bromas.

SIGUE

9. Imagínate que uno de tus mejores amigos tiene que empezar a llevar anteojos. ¿Qué consejo le darías a tu amigo? Usa ideas del cuento para apoyar tu respuesta.

Sueño en una meseta

por Terri Anderson
ilustrado por Andrea Shine

¿Cuál es el sueño de Analisa?

Sólo las liebres conocían su secreto.

La puerta de la caravana se cerró silenciosamente. Analisa miró por la ventana y vio a su hermano, Harrison, salir sigilosamente para ir a correr muy temprano.

Analisa estiró las cubiertas de su cama hasta ponerlas bajo su barbilla y pensó en Harrison corriendo en esa fría mañana de octubre. Siempre fue un corredor fuerte, desde que era un muchachito, y ahora era uno de los mejores corredores de Nuevo México. El entrenador de Harrison estaba buscando becas para él. Analisa sabía que el sueño secreto de Harrison era ir a la universidad.

Analisa tenía sus propios sueños. Aunque sólo tenía diez años, creía que ella también podía llegar a ser una corredora excelente. Algún día esperaba ser lo suficientemente fuerte para entrenar con Harrison.

A Analisa le gustaba correr por los senderos cerca de su caravana en el lago Mariano. Corría por el puro placer de correr, para sentir los fuertes latidos de su corazón cuando subía corriendo por los rocosos senderos de cabras. A veces veía una liebre saltando sin esfuerzo y ella hacía carreras con ella. A grandes zancadas, saltaba por encima de los cactos, esquivaba las piedras peligrosas que doblaban tobillos y corría a través de lechos arenosos, todo eso para que la liebre la dejara mordiendo el polvo.

Aunque Analisa nunca ganó la carrera, sentía que las liebres la retaban a correr más rápido, para que su sueño de correr con su hermano se hiciera realidad.

Analisa mantuvo secreta su afición por correr, de su hermano. Temía no poder mantener su ritmo y convertirse en un obstáculo para él. Lo último que quería era interferir con el entrenamiento de Harrison. Analisa siguió sus carreras arriba y abajo de los senderos cerca de la caravana de su familia, pero nunca cuando Harrison podía verla.

Se acercaba el fin de semana y Analisa esperaba con impaciencia el viaje de su familia a Shiprock, Nuevo México, a visitar a Bisabuela. La mamá de su abuela vivía en un hogan tradicional navajo con suelo de tierra, a pesar de que Papá y Tío le habían construido una pequeña casa de dos habitaciones muy cerca de allí. Bisabuela había intentado vivir en la nueva casa, pero dijo que se sentía más cómoda en el hogan.

Analisa siempre se quedaba en el hogan cuando la visitaban, mientras que Harrison y sus padres dormían en la casa. A Analisa le gustaba el olor del fuego de piñón en el centro del hogan y la sensación que daban las mantas de lana áspera cuando se acurrucaba en su catre.

A ella y a Bisabuela les gustaba sentarse hasta tarde hablando de los nuevos corderos en el corral, la alfombra en el telar o una película que Analisa había visto en la tele. Este fin de semana Analisa quería hablar con Bisabuela acerca de su sueño de correr tan rápido como las liebres.

Cuando llegó el atardecer del viernes, Analisa y su familia se apretujaron en su camión verde y se dirigieron por carreteras secundarias hacia Shiprock. El sol ya se estaba poniendo en el oeste y las rocas rojizas de la meseta brillaban con los brillantes rayos anaranjados, rojos, rosados y púrpura que se alargaban a través del cielo. Ya estaba oscuro cuando llegaron al hogan de Bisabuela.

Analisa pasó la mañana ayudando a Bisabuela a hacer los quehaceres. Por la tarde se quedó con Harrison a ver un partido de fútbol americano que daban por televisión en la nueva casa, pero Analisa prefería la quietud del hogan de Bisabuela.

Más tarde Bisabuela preparó un té de hierbas navajo y un estofado de cordero para cenar mientras Analisa mezclaba la masa para su golosina favorita, pan frito.

Mientras el estofado se cocía lentamente, Bisabuela, con mucho cuidado, colocó grandes círculos de masa en una cazuela de aceite burbujeante. Analisa estudiaba la cara de la anciana. A Analisa, Bisabuela le parecía muy hermosa. Era afectuosa, sabia y tan tierna. No había tensión alguna en su conversación ni en su silencio.

Despacio y dulcemente, Analisa comenzó a contarle a Bisabuela sobre su afición por correr. Le explicó cómo se sentía con su pelo volando al viento y sus fuertes piernas golpeando el camino hasta que su corazón parecía que iba a explotar. Sus palabras salían precipitadamente y la cara de Analisa brillaba de emoción.

Bisabuela estaba sentada muy quieta, escuchando. Cuando Analisa terminó por fin, los ojos de Bisabuela brillaban. Analisa no era la única con un secreto que compartir, le dijo Bisabuela. Cuando ella era una muchacha, también sentía gran placer al correr arriba y abajo de las mesetas. Se había sentido muy orgullosa de ser la más rápida de todas las muchachas de la familia.

—Sigue soñando en correr más y más rápido —le dijo a Analisa—. Es un buen sueño.

Con el dedo, Bisabuela dibujó un mapa en el suelo de tierra para mostrarle a Analisa un viejo sendero de cabras que llevaba a una enorme roca roja a un lado de la meseta. Años atrás, Bisabuela había corrido exactamente en ese lugar con sus primos. Analisa estudió el mapa. Se prometió levantarse con el sol y llegar a este lugar especial.

El canto del viejo gallo despertó a Analisa. Era de día. Analisa tanteó buscando sus zapatos y su sudadera. Salió del hogan medio dormida.

El enfado consigo misma por haber dormido demasiado se

disipó al descubrir el sendero de cabras desgastado que Bisabuela le había descrito. El primer trecho del camino era bastante plano, lo que le permitía a Analisa correr fácilmente. Se imaginaba a su bisabuela corriendo por el mismo sendero años atrás.

Luego el sendero se hacía más empinado y se convertía en un ascenso rocoso. Las hierbas ahogaban el sendero, agarrándose de sus pantalones. Analisa no aflojó el paso. Siguió, con la mirada fija en la enorme roca de arenisca, directamente por encima de donde se encontraba, al borde de la superficie de la meseta, brillando en el sol de la mañana. Tenía que ser la que le había descrito Bisabuela.

Por alguna razón, el saber que era el lugar especial de Bisabuela hizo que esta carrera fuera diferente. Analisa se apartó el lacio cabello negro de la cara y siguió hacia la roca.

Algunos cuervos volaron ruidosamente mientras Analisa se apresuraba por el lado de la roca y finalmente descansó en lo alto. La vista era magnífica.

Analisa podía ver el hogan de Bisabuela con docenas de ovejas pastando cerca y a lo lejos, en la distancia, la formación rocosa conocida como Shiprock. Sentía el correr de su sangre mientras absorbía la infinita belleza a su alrededor.

De pronto oyó un crujir más abajo en el escabroso sendero. Analisa contuvo su respiración mientras un muchacho de pelo negro subía con agilidad los últimos pasos hasta la roca especial.

¡Era Harrison! No lo había oído venir detrás de ella. Con la respiración poco alterada, se acomodó en la parte suave de la rojiza roca arenosa. Se paró un momento a contemplar la belleza de la escena más abajo, luego le sonrió sagazmente a Analisa.

—Has estado guardando un secreto, hermanita —le dijo bromeando—. Tienes la pisada segura de una cabra montés en el sendero. ¿Cómo encontraste este fantástico lugar?

Harrison sonrió mientras ella le explicaba el secreto de Bisabuela.

—¿Por qué no corremos el camino de vuelta juntos? —siguió Harrison.

Analisa suspiró feliz al comenzar el descenso con Harrison, con paso seguro sorteaban rápidamente las rocas resbaladizas del camino. Juntos saltaron sobre matorrales espinosos, acelerando para mantener su velocidad en los lugares blandos y arenosos. Corrían a paso rítmico, cada uno disfrutando de la compañía del otro. Feliz, Analisa se dirigió hacia el hogan, sintiéndose tan libre y rápida como su vieja amiga la liebre.

10. Esta historia se trata principalmente sobre _____ .

Ⓐ los diferentes animales que viven en Nuevo México
Ⓑ un muchacho que ganó una beca universitaria
Ⓒ una anciana que enseña a cocinar a su bisnieta
Ⓓ una muchacha con un sueño

11. En esta historia, la palabra <u>hogan</u> quiere decir un tipo de _____ .

Ⓐ casa
Ⓑ estofado
Ⓒ sendero
Ⓓ secreto

12. Una cosa que tienen en común Analisa y su hermano es que a los dos les gusta _____ .

Ⓐ cocinar comida de los navajos
Ⓑ la escuela
Ⓒ correr
Ⓓ dormir en el hogan

13. Analisa y su familia van a Shiprock a _____ .

Ⓐ ver una enorme roca
Ⓑ visitar a su bisabuela
Ⓒ construir una casa
Ⓓ cazar liebres

SIGUE

14. ¿Qué secreto comparte Bisabuela con Analisa?

- Ⓐ cómo hacer té de hierbas navajo
- Ⓑ dónde encontrar a sus primos
- Ⓒ cómo tejer mantas de lana
- Ⓓ que le gustaba correr cuando era una muchacha

15. Analisa decidió correr en el viejo sendero de cabras porque _____ .

- Ⓐ lo usaba su hermano Harrison
- Ⓑ era el sendero más cercano a la casa de su bisabuela
- Ⓒ su bisabuela había corrido en él
- Ⓓ era el sendero más duro del estado

16. Lo más importante que aprendió Analisa en esta historia fue _____ .

- Ⓐ mirar donde corría
- Ⓑ probar nuevos senderos
- Ⓒ creer en sí misma
- Ⓓ escuchar a los bisabuelos

17. La autora probablemente escribió esta historia para _____ .

- Ⓐ convencer a la gente a que se mudara a Nuevo México
- Ⓑ animar a la gente a seguir sus sueños
- Ⓒ explicar por qué los navajos duermen en hogans
- Ⓓ mostrar lo difícil que es ser amigos para hermanos y hermanas

18. ¿Qué consejo creen que Analisa le dará a su bisnieta? Explica por qué. Usa ideas de la historia en la respuesta.

_____
_____
_____
_____
_____
_____
_____
_____
_____
_____
_____
_____
_____
_____
_____
_____
_____
_____
_____
_____
_____
_____
_____

ALTO

¡Tú sí puedes! / Tema 1
Evaluación integral de lectura

Harcourt

Orlando Boston Dallas Chicago San Diego

Part No. 9997-30600-7

ISBN 0-15-317589-3 (Package of 12)

Evaluación integral de lectura

Bailes y fiestas / Tema 2

Resumen del rendimiento

Nombre _____ Grado _____ Fecha _____

Pasaje 1   Puntuación del alumno   Comentarios

    Opción múltiple (1–8)   _____   _____
    Respuesta abierta (9)   _____   _____

Pasaje 2   Puntuación del alumno   Comentarios

    Opción múltiple (10–17)   _____   _____
    Respuesta abierta (18)   _____   _____

Puntuación total   _____

Nivel de rendimiento

Lector avanzado	Lector hábil	Lector básico	Lector limitado
19–20	16–18	13–15	Menos de 13

❏ El estudiante recibió ayuda mientras tomaba esta prueba.

Comentarios: _____
_____
_____
_____

Copyright © by Harcourt, Inc.

All rights reserved. No part of this publication may be reproduced or transmitted in any form or by any means, electronic or mechanical, including photocopy, recording, or any information storage and retrieval system.

Teachers using ¡VAMOS DE FIESTA! may photocopy complete pages in sufficient quantities for classroom use only and not for resale.

HARCOURT and the Harcourt Logo are trademarks of Harcourt, Inc.

For permission to translate/reprint copyrighted material, grateful acknowledgment is made to the following sources:

Children's Better Health Institute, Indianapolis, IN: "Emma's Attic" by Jennifer Amberger Borgesen, illustrated by Dominic Catalano from *Jack and Jill* Magazine, October/November 1996. Copyright © 1996 by Children's Better Health Institute, Benjamin Franklin Literary & Medical Society, Inc.

Highlights for Children, Inc., Columbus, OH: "Aunt Emilia" by Hilda Eunice Burgos, illustrated by Lindsay Barrett George from *Highlights for Children* Magazine, July 1994. Copyright © 1994 by Highlights for Children, Inc.

Printed in the United States of America

ISBN 0-15-317589-3

2 3 4 5 6 7 8 9 10 022 2003 2002 2001

Tía Emilia

por Hilda Eunice Burgos

ilustrado por Lindsay Barrett George

¿Quién es Tía Emilia?

—Uno, dos tres, cuatro... —Esperanza contaba cada paso al salir de la casa de su abuela. Su tía abuela Emilia vivía a 2,037 pasos de allí.

—Diecinueve, veinte, veintiuno... —Esperanza caminaba por el sendero de tierra cuidadosamente para no tropezar con las piedras. Llevaba un tazón plano en su hombro derecho, sujetándolo con la mano derecha para mantenerlo seguro. De la mano izquierda le colgaba un termo pequeño.

—Sesenta y dos, sesenta y tres, sesenta y cuatro...

—¡Eh, Esperanza! —los primos de Esperanza, Pablo y Ramona, la llamaron.

—Vamos al patio de Marino a jugar a la pelota —dijo Pablo—. ¿Quieres venir? Esperanza sonrió y sacudió la cabeza.

—¿Por qué nunca quieres venir a jugar con nosotros? —le preguntó Ramona. Esperanza se encogió de hombros y bajó los ojos. Se concentraba en no perder la cuenta. Eso era más fácil que hablar con sus primos.

—Ya sé —dijo Pablo—. Este pueblo es demasiado aburrido para alguien tan interesante de Nueva York, ¿no? —Esperanza sacudió la cabeza, sonrió y siguió su camino.

—Doscientos, doscientos uno, doscientos dos...

—¡Esperanza! ¿Dónde está tu paraguas? —Tío Chago estaba parado en las escaleras con los brazos en el aire—. ¿Te has olvidado de que ahora estás en la República Dominicana? ¡Tanto sol en medio del día es malo para ti! —Corrió adentro a buscar un paraguas, pero cuando salió, Esperanza se había ido.

—Cuatrocientos seis, cuatrocientos siete, cuatrocientos ocho...

—Esperanza —Doña Luisa la llamaba— te guardé el último trozo de dulce de leche. Tus padres me dijeron lo mucho que te gustaba. —Esperanza miró a Doña Luisa y sonrió. Podía ver el dulce cuidadosamente envuelto sobre el mostrador de la tienda. Se le hacía la boca agua, pero sacudió la cabeza, susurró "No gracias" y siguió adelante.

—¡Oh, puedes comer un poco! —dijo Doña Luisa—. Estás de vacaciones... —su voz se fue apagando.

—Dos mil treinta y uno, dos mil treinta y dos... —Por fin Esperanza llegó a la choza de techo de paja de Tía Emilia. Tía Emilia estaba sentada en una de las cuatro mecedoras alrededor de la mesita de café. Miró las viejas tablas grises que formaban la pared frente a ella. Llevó los ojos de la tabla de abajo a la de arriba, parándose en cada una mientras contaba, despacio, "una, dos, tres..."

A Tía Emilia no le gustaba que la interrumpieran cuando estaba contando. Cuando Esperanza llegó hace cinco semanas, Tía Emilia estaba siempre sentada en su silla repitiendo una y otra vez "uno, dos, uno, dos". La abuela de Esperanza le había contado que cuando Tía Emilia era niña se burlaban de ella porque era un poco lenta para aprender cosas nuevas. Al hacerse mayor, Tía Emilia se quedó más en su propio mundo. Ahora, los miembros de la familia tomaban turnos llevándole comida y ayudándola a mantener la casa limpia, pero Tía Emilia raramente les hablaba. Salía de casa únicamente para ir al excusado.

Esperanza puso la taza y el termo en una mesa cerca de la puerta. Puso el arroz con frijoles de la taza en el plato que ya estaba en la mesa. Tomó los trozos de carne y plátano que su abuela había trinchado y los puso en el plato. Puso una cuchara en la pila de arroz con frijoles y puso el plato sobre una servilleta.

Los ojos de Tía Emilia se dirigieron de la tabla de arriba a Esperanza.

—Veintiuna tablas de madera —dijo con orgullo.

Esperanza sonrió y le dio el plato a su tía abuela.

—Sabía que aprenderías antes de que terminara el verano —dijo.

—Eres una buena maestra, querida —le respondió Tía Emilia.

—Sabes Tía —dijo Esperanza— casi he terminado todo lo que tenemos que leer el próximo año. Ahora, cuando comience el quinto grado, volveré a sacar A en todo.

—Tengo algo para ti Esperancita —dijo Tía Emilia asintiendo sin prestar atención—. Allí junto a la cama. —Esperanza recogió un ramo de flores.

—Son muy lindas —dijo Esperanza y aspiró profundamente.

—Les estaba hablando a esas flores hoy —dijo Tía Emilia. Se hechó hacia atrás en su silla y miró por la ventana—. Parecían muy tristes cuando las recogía, pero cuando las puse en un ramo todas juntas se pusieron contentas.

Tía Emilia alargó el brazo y apretó la mano de Esperanza.

—Eres una amiga muy especial —dijo—. Contigo me siento lo suficientemente lista para tratar de leer esto. —Levantó una vieja Biblia.

—¡Estupendo! —exclamó Esperanza—. Podemos comenzar después del almuerzo.

—¡Oh, no querida! —dijo Tía Emilia—. Estoy muy cansada hoy. Comenzaremos mañana.

—Acuérdate, voy a volver a Nueva York pronto —dijo Esperanza con un suspiro.

Tía Emilia asintió lentamente.

—Bueno, quizás le permita a tu tía Consuelo que me ayude. —Le dijo sonriendo a Esperanza—. Ahora vete, querida. Debes ir con tus otros amigos también. Compartirás las flores con ellos, ¿verdad?

Esperanza miró las flores al salir. Se olvidó de contar las escaleras. Cuando llegó a la tienda de Doña Luisa, se paró a decir hola. Doña Luisa aplaudió y rió cuando Esperanza le dio una margarita a cambio de un dulce de leche blando.

Como de costumbre, la puerta de Tío Chago estaba abierta y Esperanza entró. Le dio un abrazo fuerte y fue al pozo a buscar un vaso de agua alto para poner su nuevo clavel.

Esperanza vio el techo brillante de estaño de los Marino desde la distancia. Al acercarse, vio a Pablo y a Ramona jugando a la pelota con un grupo de niños.

—Ven a jugar —le dijeron.

—Tengo que ir a leer —respondió Esperanza.

—Hazlo más tarde —le dijo Pablo. Le pasó un brazo por los hombros y la llevó al campo.

Esperanza no leyó ese día, pero repartió todas las flores de Tía Emilia. Consiguió dos *hits*.

Instrucciones: Rellena el círculo delante de la respuesta correcta.

1. Esta historia trata principalmente sobre _____ .
   - Ⓐ compartir y aprender
   - Ⓑ jugar y correr
   - Ⓒ cocinar y comer
   - Ⓓ aplaudir y gritar

2. Esta historia tiene lugar en _____ .
   - Ⓐ Puerto Rico
   - Ⓑ la República Dominicana
   - Ⓒ Ciudad de México
   - Ⓓ Nueva York

3. Por la historia puedes deducir que Esperanza vive en _____ .
   - Ⓐ Nueva York
   - Ⓑ México
   - Ⓒ la República Dominicana
   - Ⓓ Puerto Rico

4. Esperanza va a casa de Tía Emilia a _____ .
   - Ⓐ jugar béisbol
   - Ⓑ contar las tablas de madera del suelo
   - Ⓒ llevarle el almuerzo
   - Ⓓ leer la Biblia

SIGUE

5. La palabra trinchado quiere decir _____ .

  Ⓐ cortar en pedazos
  Ⓑ usar en juegos
  Ⓒ contar pasos
  Ⓓ cambiar de color

6. Cuando era niña se habían burlado de Tía Emilia porque _____ .

  Ⓐ no sabía jugar al béisbol
  Ⓑ no tenía buenos modales en la mesa
  Ⓒ era lenta para aprender cosas nuevas
  Ⓓ comía demasiados dulces

7. La palabra que mejor describe a Esperanza es _____ .

  Ⓐ egoísta
  Ⓑ considerada
  Ⓒ tímida
  Ⓓ mal educada

8. Esperanza hizo que Tía Emilia se sintiera _____ .

  Ⓐ inútil
  Ⓑ triste
  Ⓒ confundida
  Ⓓ lista

9. ¿Qué crees que siente Esperanza por sus vacaciones? Usa ideas de la historia para apoyar tu respuesta.

El ático de Emma

por Jennifer Amberger Borgesen

arte por Dominic Catalano

¿Hay alguien en el ático?

Emma Munford metió la pluma en el tintero y comenzó a escribir.

3 de octubre de 1853

Hoy pasó algo que me dio mucho miedo. Los cazadores de recompensas vinieron a nuestra granja. Buscaban a esclavos escapados. Hicieron que Papá los ayudara a buscar. Espero que esos hombres horribles no encuentren nunca a los escapados. Ojalá pudiera hacer algo para ayudar...

Un crujido en el piso de arriba hizo que Emma se sobresaltara. Miró hacia sus seis hermanos que dormían tranquilamente en sus camas. No oían nunca nada. Se burlaban de Emma porque oía ruidos en el ático.

—Ratones y ratas —murmuraban y reían cuando ella trataba de decírselo a Mamá y a Papá.

Emma tiró de su chal para acomodárselo alrededor de los hombros. Otro crujido, y un roce sordo sonaron arriba. Emma salió y bajó corriendo de su cuarto. Al llegar abajo titubeó.

—Mamá, ¿puedes subir conmigo? —Emma retorcía un extremo de su camisón de franela.

Mamá estaba remendando un vestido que le había quedado pequeño a Emma. Levantó la vista y sonrió.

—Emma, ya eres demasiado grande para que te venga a acostar como a tu hermana pequeña, Morgan. La semana que viene vas a cumplir diez años.

—Son los ratones, Mamá. Están en el ático de nuevo.

Mamá ahogó la risa.

—Cariño, no hay nada allí arriba que vaya a hacerte daño. —Plantó un beso en la cabeza de Emma—. Ahora vete a la cama.

Emma subió las escaleras y se metió en la cama junto a Morgan. Apretó los ojos y trató de dormir. Se puso la almohada encima de la cabeza. ¿Por qué era tan cobarde?

¡Gato! Emma se sentó. ¿Por qué no lo había pensado antes? Papá tenía gatos en el granero para que cazaran los ratones. ¿Por qué no poner un gato en el ático?

Emma saltó de la cama. Se puso las zapatillas y agarró su chal. Luego salió de la casa oscura y silenciosa, y se dirigió al granero. Jezabel, su gato de granero favorito, la saludó en la puerta. Emma la recogió y corrió de vuelta a la casa.

A la luz de la luna, Emma se acercó a las escaleras del ático. Titubeó un momento, al acordarse de las instrucciones de su mamá de que nunca debía ir al ático. Pero Emma no pensaba entrar. Iba sólo a poner el gato adentro. La vieja Jezabel haría el resto.

Tiró de la puerta del rellano de las escaleras para abrirla y un rayo de luz delgado se escapó. No era la luz fría y plateada de la luna, sino el dorado brillo de una lámpara. Jezabel aterrizó sordamente y corrió por la puerta abierta.

¿Quién estaba en el ático a estas horas de la noche? Mamá iba a enfadarse si sabía que alguien tenía una lámpara allí. Podrían iniciar un incendio. El sonido suave de voces hacía eco en las escaleras.

—Jezabel, ¿cómo te metiste en el ático? —Emma reconoció la voz

de su madre. Oyó unas pisadas sordas y la madre de Emma apareció en lo alto de las escaleras.

—¡Emma! —dijo Mamá frunciendo el cejo. ¿Qué estás haciendo aquí? —Con el gato en los brazos, bajó las escaleras de madera.

—Lo siento Mamá —Emma sintió que se le llenaban los ojos de lágrimas—. No quise desobedecerte, pero pensé que Jezabel podía encargarse de los ratones del ático. No iba a entrar, ¡de verdad!

Mamá soltó el gato y le dio a Emma un fuerte abrazo.

—Ya eres grande Emma y a tu edad ya puedes saber la verdad. —Tomó a Emma de la mano y le hizo subir las escaleras.

La habitación no era como se la había imaginado Emma. No había telas de araña, polvo ni ratones. En lugar de eso vio una habitación limpia y aseada con una cama grande, una mesa y sillas. Sentados a la mesa había un hombre, una mujer y una niña que parecía de la misma edad que Emma. Su piel brillaba tibia y oscura a la luz de la lámpara, como el color del té de Mamá cuando le añadía crema fresca. Sus ojos oscuros estaban llenos de temor. Pero cuando vieron a Emma asomarse por detrás de las faldas de su madre, se calmaron.

—Josué, Raquel, Rosa, ésta es mi hija Emma —dijo Mamá.

Rosa llevaba el vestido que Mamá había estado remendando. Ahora Emma lo comprendió todo. ¡Ésta era la gente que los cazadores de recompensas andaban buscando!

—Papá los llevará a casa de Tío Tomás cuando lleve las manzanas a Detroit —explicó Mamá—. Tío Tomás los ayudará a cruzar el río Detroit para llegar a Canadá. Así los cazadores de recompensas no podrán perseguirlos más.

Emma asintió. La familia volvió a su comida.

—¿Puedo quedarme Mamá? —preguntó.

Mamá le apretó la mano y sonrió.

Emma se sentía feliz de que su familia ayudara. Supo entonces que los ruidos del ático ya no la asustarían nunca más.

10. Este pasaje trata principalmente de _____ .

   Ⓐ cazadores de recompensas que registran la granja

   Ⓑ un gato que caza ratones en un ático

   Ⓒ una familia que ayuda a esclavos escapados

   Ⓓ granjeros que poseen esclavos

11. Esta historia tiene lugar _____ .

   Ⓐ hace muchos años

   Ⓑ hace pocos años

   Ⓒ en el presente

   Ⓓ en el futuro

12. Los cazadores de recompensas buscaban _____ .

   Ⓐ pistolas y municiones

   Ⓑ comida y suministros

   Ⓒ a otros cazadores de recompensas

   Ⓓ a esclavos escapados

13. Emma pensaba que los ruidos en el ático los hacían _____ .

   Ⓐ ardillas

   Ⓑ ratones

   Ⓒ ladrones

   Ⓓ gatos

SIGUE

14. ¿Por qué remendaba Mamá el vestido viejo de Emma?

   Ⓐ Mamá le iba a dar el vestido a la hermana de Emma.

   Ⓑ Mamá estaba reparando el vestido para una esclava escapada.

   Ⓒ Emma quería ponerse el vestido para su cumpleaños.

   Ⓓ Emma no sabía coser.

15. ¿Por qué puso Emma a su gato Jezabel en el ático?

   Ⓐ El gato hacía demasiado ruido.

   Ⓑ El gato siempre estaba en la casa.

   Ⓒ Emma quería compañía.

   Ⓓ Emma quería que Jezabel cazara ratones.

16. ¿Quién era la gente del ático?

   Ⓐ los hermanos de Emma

   Ⓑ cazadores de recompensas

   Ⓒ esclavos escapados

   Ⓓ trabajadores del campo

17. La mejor palabra para describir cómo se sintió Emma cuando encontró a Mamá en el ático es _____ .

   Ⓐ sorprendida

   Ⓑ triste

   Ⓒ feliz

   Ⓓ hambrienta

SIGUE

18. ¿Por qué crees que la mamá y el papá de Emma no le habían dicho nada acerca de la gente en el ático? ¿Por qué habían mantenido ese secreto?

_____

_____

_____

_____

_____

_____

_____

_____

_____

_____

_____

_____

_____

_____

_____

_____

_____

_____

ALTO

Tomados de la mano / Tema 2
Evaluación integral de lectura

Orlando Boston Dallas Chicago San Diego

Part No. 9997-30995-2
ISBN 0-15-317589-3 (Package of 12)

Evaluación integral de lectura

Bailes y fiestas / Tema 3

Resumen del rendimiento

Nombre _____ Grado _____ Fecha _____

Pasaje 1   Puntuación del alumno   Comentarios

   Opción múltiple (1–8)   _____   _____

   Respuesta abierta (9)   _____   _____

Pasaje 2   Puntuación del alumno   Comentarios

   Opción múltiple (10–17)   _____   _____

   Respuesta abierta (18)   _____   _____

Puntuación total   _____

Nivel de rendimiento

Lector avanzado	Lector hábil	Lector básico	Lector limitado
19–20	16–18	13–15	Menos de 13

❏ El estudiante recibió ayuda mientras tomaba esta prueba.

Comentarios: _____

_____

_____

_____

Copyright © by Harcourt, Inc.

All rights reserved. No part of this publication may be reproduced or transmitted in any form or by any means, electronic or mechanical, including photocopy, recording, or any information storage and retrieval system.

Teachers using ¡VAMOS DE FIESTA! may photocopy complete pages in sufficient quantities for classroom use only and not for resale.

HARCOURT and the Harcourt Logo are trademarks of Harcourt, Inc.

For permission to translate/reprint copyrighted material, grateful acknowledgment is made to the following sources:

CRICKET Magazine: "Noche de Paz, or The Day the Hurricane Came" by Jonathan London from *Cricket* Magazine, Vol. 22, No. 8. Text © 1995 by Jonathan P. London.

Highlights for Children, Inc., Columbus, OH: "The Thanksgiving Dinner" by Nancy Day, illustrated by Les Gray from *Highlights for Children* Magazine, November 1997. Copyright © 1997 by Highlights for Children, Inc.

K. Dyble Thompson: Illustrations by K. Dyble Thompson from "Noche de Paz, or The Day the Hurricane Came" by Jonathan London in *Cricket* Magazine, April 1995.

Printed in the United States of America

ISBN 0-15-317589-3

2 3 4 5 6 7 8 9 10 022 2003 2002 2001

La cena del Día de Acción de Gracias

por Nancy Day

ilustrado por Les Gray

¿Quién cocinó la cena del Día de Acción de Gracias?

Mamá está en cama. No se va a levantar. Ni tan siquiera para el Día de Acción de Gracias.

Operaron a Mamá hace tres días y dice que se siente mucho mejor. Pero tiene que quedarse en cama. No se va a levantar ni tan siquiera para el Día de Acción de Gracias.

Soy el mayor. David es el mediano, o quizás debería decir el metelíos. Es listo, seguro, pero a veces se mete tanto en sus proyectos que se olvida del resto del mundo. Jennifer tiene seis años menos que yo y siempre está o contenta o triste, pero nunca nada en medio. Y por eso, una fría mañana de noviembre, Papá me dijo que yo iba a cocinar la cena del Día de Acción de Gracias.

Sólo estaremos nosotros, no tendremos compañía ni nada, pero sigo preocupado. Nunca he cocinado ningún tipo de comida y aquí estoy comenzando con una muy importante como la del Día de

Acción de Gracias.

Papá dice que él hará el pavo. Papá siempre hace el pavo. Hace el relleno en el viejo tazón a rayas de Abuela, que tiene grietas y es más viejo que mi papá. Desmigaja el pan con sus dedos largos y mete el relleno dentro del pavo hasta que parece que va a explotar. Luego pone filas de pequeñas salchichas, que parecen soldados pálidos encima del pavo, sujetándolas con palillos para que no se caigan. Dice que eso evita que la carne se seque, pero Mamá piensa que es una excusa que él se inventa para poder comer salchichas. No son parte de su dieta.

Papá dice que hará el pavo. Lo dice como si el pavo fuera lo único importante. Como si el resto fuera fácil. Como si yo supiera cómo conseguir que los pequeños dulces de malvavisco se derritieran sobre los camotes. Como si yo supiera cómo hacer puré de patatas sin grumos. Como si yo supiera cómo hornear las cebollas que no se comerá nadie más que Papá pero que sin ellas no sería el Día de Acción de Gracias.

Papá dice que él hará el pavo. Pero, ¿y si las verduras no están listas a tiempo? ¿Y si algo se quema? ¿Y si es un desastre y todo es culpa mía y todos nos acordamos el resto de nuestras vidas del Día de Acción de Gracias que yo, personalmente, arruiné a pesar de que Papá hizo el pavo?

Mi amigo Stan no entiende mi súbito interés en menudillos. Le había preguntado a la maestra si los pone normalmente en la salsa o en el relleno. Luego Stan me descubrió observando cómo su mamá hervía patatas para la cena. Se quedó pasmado cuando me oyó preguntar sobre las técnicas para pelar y sobre la temperatura. Stan piensa que soy raro.

Cuando me desperté esta mañana y me di cuenta de que era el Día de Acción de Gracias me sentí mal. Mamá me dice que hoy tengo la oportunidad de lucirme. Yo no lo veo así. Pienso que sólo hay una manera de lucirse y un montón de maneras de estropearlo todo.

Afortunadamente, Jennifer está de buen humor. En estos momentos no podría soportar sus gimoteos. David está en su habitación trabajando en el modelo de un cerebro de mono. Mamá está en la cama, por supuesto, y no se va a levantar. Papá hará el pavo, y yo estoy tratando de leer la caligrafía de Mamá en algunas de las fichas de recetas que están tan manchadas de comida que podría hacerse un cocido con ellas. No tengo esperanza.

Primero metí las cebollas en el horno. Fue bastante fácil. Había comenzado a preparar los camotes cuando Papá gritó desde la sala que algo olía estupendo. Todo iba bien.

Luego me dio un escalofrío. Postre. ¿Cómo se me olvidó? Siempre comemos tartas para el Día de Acción de Gracias. Quizás Papá había comprado una tarta. No tuve tal suerte. Quizás podíamos ir corriendo a la tienda y comprar una tarta. Cerrado para el Día de Acción de Gracias. Desastre. Lo sabía. Se me olvidó la tarta.

Fui a la despensa a analizar la situación. Cuando sea adulto, voy a tener un abastecimiento de rellenos para tartas para emergencias como ésta. Lo mejor que pude encontrar fue un tarro de compota de manzana. Tendría que servir. Pero, ¿qué podía usar para la masa? Busqué. Cereal. A todo el mundo le gusta el cereal. Agarré unas cuantas cajas y, como no sabía cuál escoger, las mezclé, aplastando la mezcla en el plato de tarta. No se mantenía junta muy bien, así que mezclé un poco de manteca de cacahuate. Luego le puse la compota de manzana y lo puse todo en el horno.

Teniendo todo en consideración, la cena salió bastante bien. Mamá se quedó en cama. No se levantó. Le servimos la cena en una bandeja, lo iba probando todo y diciendo "no está mal" y "buen trabajo" y "bien hecho". Se paró cuando llegó a la tarta. Era *fuera* de lo normal. La manteca de cacahuate se había derretido, creando una costra de fragmentos de cereal multicolor y un aceite resbaloso en el relleno. "Una presentación muy interesante", dijo.

Lo que más le gustó a Mamá fueron los camotes. Papá prefirió las cebollas, pero lo vi agarrar un par de salchichas a escondidas cuando fue a guardar el pavo. David y Jennifer pensaron que la tarta era chévere, su cumplido más especial. Yo me alegré de que la cena se hubiera terminado.

El año que viene Mamá cocinará la cena del Día de Acción de Gracias. Dice que ni tan siquiera tendré que ayudarla porque tuve que hacerlo todo este año. Estoy haciendo planes para quedarme en cama. No me voy a levantar. Bueno, hasta que esté lista la cena, claro.

Instrucciones: Rellena el círculo delante de la respuesta correcta.

1. Esta historia trata principalmente de _____ .
   - Ⓐ los sentimientos de un niño por su hermano y su hermana
   - Ⓑ instrucciones para cocinar un pavo
   - Ⓒ un niño que cocina la cena del Día de Acción de Gracias
   - Ⓓ la historia del Día de Acción de Gracias

2. En esta historia la palabra <u>gimotear</u> significa _____ .
   - Ⓐ cantar
   - Ⓑ reír
   - Ⓒ quejarse
   - Ⓓ correr

3. Mamá no puede cocinar la cena del Día de Acción de Gracias porque _____ .
   - Ⓐ la familia va a cenar a un restaurante
   - Ⓑ fue a visitar a unos amigos que viven en otra ciudad
   - Ⓒ quiere darle a su marido una oportunidad de cocinar
   - Ⓓ está en cama recuperándose

4. La mejor palabra para describir lo que siente el niño por tener que hacer la cena es _____ .
   - Ⓐ inseguro
   - Ⓑ feliz
   - Ⓒ sensato
   - Ⓓ valiente

SIGUE

5. El papá del niño está encargado de cocinar _____ .

    Ⓐ el pavo

    Ⓑ la tarta

    Ⓒ los camotes

    Ⓓ el puré de patatas

6. Stan piensa que el niño es raro porque _____ .

    Ⓐ odia el Día de Acción de Gracias

    Ⓑ hace preguntas sobre cocina

    Ⓒ hace tartas con cereal

    Ⓓ no le gusta su hermano

7. Cuando Papá gritó que "algo olía estupendo" probablemente el niño se sintió _____ .

    Ⓐ curioso

    Ⓑ preocupado

    Ⓒ dudoso

    Ⓓ orgulloso

8. La tarta que hizo el muchacho era diferente de otras tartas porque _____ .

    Ⓐ estaba hecha de cosas raras

    Ⓑ era una nueva receta

    Ⓒ tiene pavo y camote en ella

    Ⓓ no se había horneado

SIGUE

9. Mamá le dice al personaje principal que cocinar la cena del Día de Acción de Gracias es una "oportunidad de lucirse". ¿Crees que se "lució"? Explica tu respuesta.

Noche de paz, o el día del huracán

por Jonathan London
ilustrado por K. Dyble Thompson

¿Qué ocurre cuando llega un huracán?

El día del huracán comenzó como cualquier otro día. Comprobamos que no había escorpiones en nuestros zapatos y salimos a jugar.

Rosalba estaba colgando a secar la ropa recién lavada. En español *rosalba* significa amanecer rosado y así es como siempre pensábamos en ella. Se levantaba con el sol cada mañana, llena de música y risa, y nos enseñaba canciones puertorriqueñas y cómo bailar los calientes ritmos de salsa. Ayudaba a manejar la casa y a cuidar de mí y de mi hermano mayor, Jeff.

—¡Hasta luego! —gritamos mientras recogíamos nuestro equipo de buceo—. ¡Hasta la vista!

Jeff y yo bajamos el sendero escabroso detrás de la casa. Abajo, el mar estaba tranquilo dentro del arrecife de coral. Mar adentro una raya con púa gigante agitaba sus aletas cruzando las olas.

Con caretas, tubos de respiración y aletas entramos, mirando con cuidado por si veíamos las espinas negras de los erizos de

mar. Luego nadamos un trecho y nos zambullimos. Los corales de fuego gritaban ¡*fuego!* con su color. Los abanicos marinos se agitaban. Las langostas puertorriqueñas se escondían en las grietas oscuras, mientras bancos de peces tropicales se movían con rapidez como bandadas de pájaros girando con el viento.

Miré hacia abajo y vi la silueta larga de torpedo plateado de una gran barracuda cerca de mi pie izquierdo. Inmóvil, con afilados dientes que le cubrían las largas mandíbulas. Me quedé completamente inmóvil, tratando de parecer lo más grande posible, hasta que finalmente la asesina atravesó el agua y desapareció rauda.

En ese momento oí gritar a alguien. Miré hacia la orilla, vi a Mamá agitando la mano frenéticamente desde lo alto del acantilado.

Jeff y yo volvimos nadando y trepamos el sendero. Mamá nos dio las noticias de que se acercaba un huracán. Ayer el locutor había dicho que no tocaría nuestro lado de la isla, pero ahora había cambiado de dirección y se esperaba que llegara a la hora de la cena. Todos debían ir al refugio para huracanes. Mamá nos dijo que empacáramos rápidamente; es posible que tuviéramos que pasar la noche allí.

El aire estaba perfectamente tranquilo. No había ni una brisa que hiciera mover las hojas de las palmeras. Ni tan siquiera las oscuras nubes se movían en el cielo púrpura. Me sentía como si hubieran extraído el aire de mis pulmones y no podía recuperarlo. Todo parecía estar a la espera.

Empaqué mi guante y mi pelota de béisbol y mis canicas, mi *Slinky*, el Yo-yo y mi nuez poderosa[1], que estaba atada a una tira de cuero. ¡Mi nuez poderosa podía romper cualquier otra nuez en la escuela entera!

---

[1] Una *nuez poderosa* es una nuez endurecida atada al final de una cuerda de piel. Los contrincantes chocan sus nueces unas contra otras hasta que se rompe una de ellas.

El cuarto grado empezaba dentro de una semana. Qué manera tan estupenda de terminar las vacaciones de verano, ¡con un huracán!

Afuera, había llegado el viento. Las ráfagas se hacían cada vez más fuertes. Jeff y yo salimos.

—¡Mira! —gritó Rosalba—. ¡Mira! —las olas habían crecido convirtiéndose en montañas, rompían por encima del arrecife de coral y luego se estrellaban contra las rocas. Debíamos marcharnos.

Arrastramos las bicicletas adentro, recogimos la ropa colgada. Rosalba se veía preocupada, aunque tarareaba una canción al trabajar. Papá cerró las contraventanas.

—¡Aseguren las escotillas! —dijo en su jerga de la marina. Mamá había empacado comida y cosas para dormir y gritó:

—¿Dónde está Tristecita? Tristecita se llama así porque es el aspecto de nuestro perro panchón. Traté de silbar para que viniera, pero no me salía ningún sonido. Creo que estaba más nervioso de lo que pensaba. Jeff rió y silbó por mí.

Ahora el cielo parecía de fuego, los relámpagos parecían hacer garabatos en las nubes oscuras. El trueno sacudió la tierra. Tristecita me saltó a los brazos y casi me tiró al suelo.

Nos amontonamos en el automóvil, aire volando, ropa golpeando a nuestro alrededor. Las palmeras se doblaban tirándonos cocos. Íbamos apretujados, Tristecita en mi regazo, Rosalba apretada a mi lado con un brazo por encima de mis hombros.

Salimos. El viento nos azotaba con torrentes de agua como un tren de carga y nuestro automóvil resbaló de lado. Alguien gritó. Viramos de nuevo hacia la carretera. Las hojas de las palmeras volaban como flechas. Un coco rebotó contra la parte delantera del automóvil y cayó. Viajamos bajo la lluvia hasta llegar al refugio.

El refugio fue "bullicio y locura" dijo Mamá mientras Rosalba la ayudaba a organizar sus cosas. Abracé a Tristecita, que se veía más triste que nunca, aunque movía la cola como un limpiaparabrisas al ver a gente que conocía. Le dije ¡*Buenos días!* a mi maestra de español, la señora Lagos. Ella me sonrió.

De pronto se apagaron las luces. Hubo *ohhs* y *ahhs* y *oh no* y risas nerviosas. La gente prendió lámparas de querosén, luego se apretujó. Todos quedamos silenciosos. Escuchamos. Estábamos en los viejos cuarteles de la marina, donde habían vivido los marineros. Estábamos sentados en literas que se hundían y nos encogimos cuando explotó la tormenta contra el edificio. Con un estruendoso choque, el viento arrancó una contraventana. El cristal se quebró y el huracán entró con furia: un cielo lleno de lluvia. Mamá echó una manta sobre nosotros. El lugar temblaba y crujía como un viejo barco en el mar. Sonaba como si los clavos estuvieran gritando dentro de la madera, tratando de mantenerlo todo junto.

En ese momento, Rosalba comenzó a cantar. Empezó muy quedo y pensé que estaba oyendo cosas. Pero sus palabras se hicieron más fuertes. La melodía me era familiar. Jeff se unió. Luego yo. Luego mis padres. Finalmente todos cantaban "Noche de Paz" contra la tormenta, en español. *"Noche de paz...noche de amor..."*

Faltaban meses para las Navidades, pero quizás Rosalba tenía miedo de no sobrevivir y poder cantar villancicos nunca más.

Cantamos hasta que Tristecita se unió con sus aullidos. Aulló como el viento hasta que dejamos de cantar.

Entonces me di cuenta de que el viento disminuía. La lluvia había parado de golpear. El edificio no se había desmoronado.

Todo quedó silencioso.

Mamá me dio un fuerte abrazo y Papá dijo: "Se acabó". Y todos comenzamos a abrazarnos.

De camino a casa oímos que La Perla, un barrio de barracas de latón en las afueras de San Juan, había sido arrasado e inundado por olas gigantes.

Tuvimos suerte. Cuando llegamos a casa, el techo seguía en la casa. Al amanecer el cielo estaba rosado, tan tranquilo como el mar.

—¡Vámonos! —le grité a mi hermano—. ¡Vámonos! Corrimos hacia el sendero del acantilado, bajamos hacia la playa, y nadamos hacia el arrecife. Arriba, Rosalba estaba en el acantilado mirando. Detrás de ella se erguía El Yunque, una de las montañas más altas de Puerto Rico. Estaba tan alto y sereno como siempre, como si nada hubiera pasado.

10. Esta historia se trata principalmente de _____ .
- Ⓐ bucear para ver peces tropicales
- Ⓑ buscar a un perro perdido
- Ⓒ sobrevivir un huracán
- Ⓓ cantar canciones en español

11. Esta historia tiene lugar en _____ .
- Ⓐ Estados Unidos
- Ⓑ Puerto Rico
- Ⓒ España
- Ⓓ México

12. La palabra <u>apretujados</u> en esta historia significa _____ .
- Ⓐ apretados
- Ⓑ ruidoso
- Ⓒ desempacar
- Ⓓ caminar en el agua

13. Cuando la gente de la historia se entera de la llegada del huracán probablemente se sienten _____ .
- Ⓐ seguros
- Ⓑ nerviosos
- Ⓒ perezosos
- Ⓓ preocupados

SIGUE

14. La familia de la historia escapa del huracán refugiándose en _____ .

- Ⓐ una isla
- Ⓑ un refugio
- Ⓒ una escuela
- Ⓓ una playa

15. Tristecita es _____ de la familia.

- Ⓐ la niñera
- Ⓑ la casa
- Ⓒ el perro
- Ⓓ el pájaro

16. Rosalba calmó a la gente _____ .

- Ⓐ cantando una canción
- Ⓑ rezando
- Ⓒ leyendo poesía
- Ⓓ lavando

17. ¿Cómo sabes que éste no era el primer huracán que habían visto?

- Ⓐ No prestaron atención.
- Ⓑ Jugaron juegos.
- Ⓒ Sabían lo que debían hacer.
- Ⓓ Reían y silbaban.

SIGUE

18. Mamá dijo que el refugio era "bullicio y locura". ¿Qué quiso decir?

ALTO

Mi casa es tu casa / Tema 3
Evaluación integral de lectura

Harcourt
Orlando   Boston   Dallas   Chicago   San Diego

Part No. 9997-30996-0
ISBN 0-15-317589-3 (Package of 12)

Evaluación integral de lectura

Bailes y fiestas / Tema 4

Resumen del rendimiento

Nombre _____ Grado _____ Fecha _____

Pasaje 1   Puntuación del alumno   Comentarios
    Opción múltiple (1–8)   _____   _____
    Respuesta abierta (9)   _____   _____

Pasaje 2   Puntuación del alumno   Comentarios
    Opción múltiple (10–17)   _____   _____
    Respuesta abierta (18)   _____   _____
Puntuación total   _____   _____

Nivel de rendimiento

Lector avanzado	Lector hábil	Lector básico	Lector limitado
19–20	16–18	13–15	Menos de 13

❏ El estudiante recibió ayuda mientras tomaba esta prueba.

Comentarios: _____
_____
_____
_____

Copyright © by Harcourt, Inc.

All rights reserved. No part of this publication may be reproduced or transmitted in any form or by any means, electronic or mechanical, including photocopy, recording, or any information storage and retrieval system.

Teachers using ¡VAMOS DE FIESTA! may photocopy complete pages in sufficient quantities for classroom use only and not for resale.

HARCOURT and the Harcourt Logo are trademarks of Harcourt, Inc.

For permission to translate/reprint copyrighted material, grateful acknowledgment is made to the following sources:

Highlights for Children, Inc., Columbus, OH: "Happily Ever After" by Beth Thompson, illustrated by Amy Wummer from *Highlights for Children* Magazine, September 1997. Copyright © 1997 by Highlights for Children, Inc.

Ann Strugnell: Illustrations by Ann Strugnell from "Alice Elizabeth" by Linda Leopold Strauss in *Cricket* Magazine, March 1992.

Willowisp Press, a division of Media Source, Inc.: "Alice Elizabeth" by Linda Leopold Strauss. Text © 1992 by Linda L. Strauss.

Printed in the United States of America

ISBN 0-15-317589-3

2 3 4 5 6 7 8 9 10 022 2003 2002 2001

Feliz para siempre

Una torta extraordinaria para un día extraordinario

por Beth Thompson

ilustrado por Amy Wummer

¿Qué pasó ese día extraordinario?

—Es un día extraordinario para una boda —dijo la Sra. Blasco mientras esparcía alcorza de vainilla en la tercera capa de la enorme torta—. Y aunque lo diga yo misma, ¡ésta es una torta extraordinaria! ¿No estás de acuerdo Rubi?

Cuando no oyó ninguna respuesta, la Sra. Blasco miró por encima de su hombro... y casi dejó caer el cuchillo con el que estaba esparciendo la alcorza.

—¡Rubi! —gritó—. ¿Qué estás cocinando?

Rubi Sancho, la asistente pastelera de la Pastelería Blasco, estaba revolviendo una enorme olla humeante.

—¡Es arroz, Sra. B.! —explicó Rubi. Sus rizos largos rebotaban arriba y abajo—. Todas las bodas necesitan arroz. ¿Le añado la mantequilla ahora?

—¡Oh Rubi! —balbuceó la Sra. Blasco—. ¡El arroz es para tirar, no para comer! ¡Necesitamos arroz *sin cocer!* Ahora deja que me encargue yo de todo. No todos los días le encargan a la Pastelería Blasco un pastel para la boda de la hija del alcalde.

—Bert dijo que nos habían seleccionado por su torta de cumpleaños —dijo Rubi—. ¡Dice que el alcalde todavía habla de la torta!

—¡Sí, estoy segura de que es cierto! —respondió la Sra. Blasco. Se estremeció al recordar la torta, un arco iris de alcorza de chocolate y menta que Rubi había hecho, sobre el que había pandas púrpura y chisperos. No se parecía en nada a la torta de vainilla que hubiera hecho la Sra. Blasco. Al fin y al cabo, el lema de Blasco estaba escrito en la vitrina: Siempre de buen gusto. Pero Alberto Francisco Campuzano III (conocido también como Bert) había dicho que era la mejor torta que había probado. Y su padre, el alcalde, había estado de acuerdo.

La Sra. Blasco decidió que *esta* torta sería de muy buen gusto. Estaba decorada con alcorza de un blanco crema, rosas de azúcar y palomas, con una novia y un novio en miniatura de porcelana que iban encima de la torta. Y la Sra. Blasco iba a *llevar* esta torta personalmente.

—Es tu día libre, Rubi, así que ve a divertirte —dijo la Sra. Blasco. Temía dejar que Rubi se acercara demasiado a la torta.

—Bueno, Sra. B, si está usted segura, me iré. Voy al parque a probar mis nuevos patines en línea.

El parque estaba lleno de patinadores que patinaban raudos y veloces por los senderos. Rubi se ató los patines y trató de levantarse, pero... ¡ZAS! Cada vez que se levantaba, ¡volvía a sentarse!

—¿Necesitas ayuda Rubi? —Un par de patines en línea verdes patinaron expertamente y se detuvieron. ¡Era Bert Campuzano!

—Podrías darme una mano —dijo Rubi— e incluso dos. —Sujetándose a Bert, se tambaleó sobre el banco. —¿Pero por qué no estás en la boda de tu hermana Milagros?

—Milagros dijo que yo iba a molestar —explicó Bert—. Se supone que llegue a tiempo para caminar por el pasillo a llevarle el anillo, ¡sin

patines! —Bert parecía disgustado —¡Las bodas son aburridas!

—¡Entonces puedes ayudarme con esas ruedas infernales! —dijo Rubi felizmente—. La última vez que patiné, los patines tenían dos tiras de ruedas. ¡Era más fácil mantenerse de pie!

Después de practicar durante una hora, Rubi pudo patinar lentamente y con poco equilibrio a lo largo del sendero. Le compró a Bert un cono de nieve de frambuesa para darle las gracias y ella también se compró uno.

—Lo estás haciendo muy bien Rubi —dijo Bert— ¡pero tengo que irme! Es la hora de la boda aburrida de Milagros. ¡Adiós! Y se fue patinando.

Rubi comenzó a pensar en la boda y se paró a mirar adonde iba. De pronto estaba patinando cuesta abajo de una colina... y ¡acelerando! Rubi casi chocó con el anciano Sr. Escobedo, que les estaba dando de comer a las palomas. Se puso a cubierta, tirando alpiste por encima de Rubi. Siguió patinando, seguida por una bandada de pájaros.

Luego justo esquivó a Julia la señora de los globos... pero los brazos de Rubi se enredaron con los hilos. Globos púrpura y verdes la seguían como si fueran uvas gigantes.

—¡Cuidado! —gritó Rubi—. ¡Patinadora sin control! La gente saltó para salir de su paso cuando ella patinaba hacia las puertas del parque.

Cuando Rubi pasó disparada por el jardín de rosas, se agarró a un rosal para pararse, pero lo único que consiguió fueron unos cuantos pétalos en el pelo y una espina en su pulgar.

A pesar de todo Rubi seguía agarrada de su cono de nieve, y siguió adelante, encaminándose recto ¡hacia el centro de la ciudad!

Mientras tanto, cuando la Sra. Blasco sacaba la torta en una bandeja plateada para ponerla en la camioneta, descubrió que tenía dos reventones.

¿Cómo podía llegar a tiempo a la boda? Luego oyó el ruido que se acercaba.

—¡Socorro! —gritó la Sra. Blasco al ver que una ráfaga con globos y rizos naranja avanzaba rápidamente hacia ella, pero era demasiado tarde. Rubi pasó imparable, agarrando la torta, ¡bandeja y todo! Horrorizada, la Sra. Blasco corrió tras ella gritando "¡Alto, alto!"

¡La boda quedaba justo al paso de la imparable Rubi!

Rubi seguía adelante patinando, con globos y palomas y pétalos. La torta alta se mecía en la bandeja, pero la alcorza de la Sra. Blasco la sujetaba como si fuera cemento y no se perdió ni una capa. Rubi saltó escaleras arriba de la iglesia, los novios de porcelana volaron del pastel. Rubi trató de agarrarlos, pero sus manos estaban llenas de pastel y cono de nieve.

—¡Rubi, usa los frenos! —gritó Bert. ¡Frenos! ¿Por qué no había pensado ella en eso? Rubi chirrió hasta pararse y puso la bandeja entre una lluvia de pétalos de rosa rosados. ¡A salvo!

—¡Qué hermoso! —gritó Milagros—. Pero, ¿dónde están los novios de porcelana?

Triunfante, Rubi los sacó de su cono de nieve de frambuesa.

—¡Aquí están! —gritó, colocándolos en la superficie rosa del pastel. La pobre Sra. Blasco se desmayó del susto, pero Milagros y sus padres estuvieron encantados.

—Chica, Rubi —dijo Bert—, si el matrimonio de Milagros es la mitad de emocionante que su boda, ¡seguro que será feliz para siempre!

¡Alto!
¡Alto!

Instrucciones: Rellena el círculo delante de la respuesta correcta.

1. Esta historia es principalmente acerca de _____ .
   - Ⓐ hacer conos de nieve de frambuesa
   - Ⓑ las aventuras de Rubi
   - Ⓒ vender globos
   - Ⓓ patines en línea

2. ¿Qué estaba haciendo la Sra. Blasco?
   - Ⓐ arroz
   - Ⓑ uvas gigantes
   - Ⓒ una torta de cumpleaños
   - Ⓓ una torta para una boda

3. Rubi usa su día libre para _____ .
   - Ⓐ ir a patinar
   - Ⓑ cocinar arroz
   - Ⓒ jugar con Bert
   - Ⓓ visitar a amigos

4. Bert ayuda a Rubi en el parque enseñándole cómo _____ .
   - Ⓐ comer conos de nieve
   - Ⓑ patinar
   - Ⓒ dar de comer a las palomas
   - Ⓓ recoger flores

SIGUE

5. En esta historia la palabra imparable significa _____ .

- Ⓐ reducir velocidad
- Ⓑ hacer carreras
- Ⓒ no poder arrancar
- Ⓓ no poder parar

6. Las palabras que mejor describen a Rubi son _____ .

- Ⓐ furiosa y cruel
- Ⓑ lista e inteligente
- Ⓒ divertida y torpe
- Ⓓ asustada y tímida

7. ¿Qué hizo que el día fuera tan extraordinario?

- Ⓐ La torta llegó a tiempo a pesar de Rubi.
- Ⓑ La Sra. Blasco hizo la mejor torta de boda que el pueblo había visto.
- Ⓒ Rubi aprendió a patinar al cabo de una sola lección.
- Ⓓ A Bert le tocó llevar el anillo.

8. La autora probablemente escribió la historia para _____ .

- Ⓐ explicar cómo se hacen los pasteles de boda
- Ⓑ enseñarte a patinar
- Ⓒ describir el pequeño pueblo
- Ⓓ contar una historia divertida

SIGUE

9. Piensa en otro personaje como Rubi. Podría ser alguien de un libro o de un cuento que hayas leído, alguien de una película o programa de televisión, o alguien que conozcas. Explica en qué se parece tu personaje a Rubi. Usa ideas de la historia para apoyar tus respuestas.

Alicia Elisabeth

por Linda Leopold Strauss
ilustrado por Ann Strugnell

¿Qué le pasó a Alicia Elisabeth?

Alicia Elisabeth podía hacer muchas cosas bien, pero no podía vestirse por la mañana.

Se ponía una media. Se ponía una camisa. Luego se ponía a pensar acerca de una princesa o un barco a vapor en el río. Planeaba su disfraz para el próximo Halloween, o cómo construir un instrumento musical.

Todo eso antes del desayuno.

Algunas mañanas a Alicia se le olvidaba en qué dirección iba. Se quitaba la camisa y los calcetines. Se volvía a poner el camisón.

—¿Qué va a ser de ti Alicia Elisabeth? —exclamaba su madre.

Una mañana durante un verano indio, la madre de Alicia sacó los pantalones cortos favoritos de Alicia y las sandalias blancas.

—Alicia Elisabeth, te quiero mucho, pero no quiero que bajes hasta que te hayas vestido —le dijo dulcemente.

Alicia no bajó.

Alicia no bajó hasta diciembre. La nieve estaba alta y Alicia temblaba vestida con los veraniegos pantalones cortos de color rosa.

Su madre dio un suspiro y la mandó a cambiarse.

Alicia volvió a su habitación. Volvió a leer la enciclopedia, le enseñó a su gato a jugar a las canicas e hizo un modelo del universo de Tinkertoys y Kleenex.

Y Alicia creció.

Cuando bajó tres meses más tarde, sus pantalones vaqueros le quedaban demasiado cortos y no podía esconder el faldón de la camisa dentro del pantalón.

Su madre gritó y la mandó de vuelta para que se cambiara.

Alicia volvió a su habitación con ropa de la talla ocho que había heredado de su prima Elinor. Pensó en vestirse, pero una tormenta estalló en el océano. Alicia se encontró naufragada en una isla desierta donde vivió por una semana hasta que la rescataron unos piratas. Luego vivió en el barco pirata, cocinaba las comidas y tomaba el turno de vigía por la tarde.

Una tarde soleada cuando Alicia estaba en lo alto del mástil vigilando para descubrir barcos enemigos, vio a su amigo Rusty caminar hacia la casa con un paquete en la mano.

Rusty miró hacia arriba y saludó.

—¡Feliz cumpleaños Alicia! —le dijo.

¿Feliz cumpleaños?

Alicia miró a su alrededor. Afuera de su ventana había tordos cantando. El castaño estaba cubierto de flores. Era abril. La primavera había llegado mientras Alicia se vestía.

Se había perdido la Navidad y todo el verano. Se había perdido el chocolate caliente y el día de San Valentín, y "El mago de Oz" en la televisión.

—Tu fiesta es a las tres —le dijo Rusty mirando hacia arriba—. Esperan que atiendas, Alicia Elisabeth.

—¡Tierra a babor! —gritó Alicia.

Alicia bajó zumbando del palo mayor y se puso el vestido del año pasado de su prima Elinor. Encontró sus zapatos de charol en el suelo de su armario junto a unas plumas de un viejo sombrero. Se sentó en el suelo a diseñar un tocado de indio. Pero se acordó a tiempo.

Alicia miró el reloj: cinco minutos para las tres. Alicia se acordó de los calcetines. Encontró un par enrollados como un huevo en su nido de tordo favorito y se sentó a quitarse los zapatos de nuevo. En la punta de uno de los calcetines había un silbato que había comprado una vez en un desfile de circo. Alicia miró el silbato pensativa. Luego se levantó de un salto.

Abajo, en el comedor, los invitados ya se habían reunido. La lámpara estaba adornada de serpentinas. Sus primos estaban explotando globos. En la torta sobre la mesa habían escrito "Feliz cumpleaños, Alicia Elisabeth" y la madre de Alicia estaba prendiendo las velas. Todos estaban allí menos Alicia.

Y entonces, a las tres en punto, lo oyeron. Comenzó en el rellano de arriba y creció y creció hasta convertirse en un invento de ruido. Se sacudía, saltaba, sonaban bocinas. Temblaba y gritaba y cantaba. Latas sonaban, brazaletes tintineaban.

Encima de todo había un sombrero pirata.

Debajo del sombrero había...

—¡SORPRESA! —gritó Alicia Elisabeth.

¡Y qué sorpresa fue! La madre de Alicia alargó los brazos y Alicia corrió hacia ellos. Su padre la vitoreó. Los niños aplaudieron, excepto su prima más pequeña, que había pedido soplar las velas si Alicia no venía.

Esa noche Alicia subió para irse a la cama. Se lavó la cara y se cepilló el pelo. Puso el despertador a las siete. Y luego, arreglando con cuidado el vestido de fiesta del año pasado de su prima Elinor a su alrededor, Alicia Elisabeth se tendió, completamente vestida y se quedó dormida.

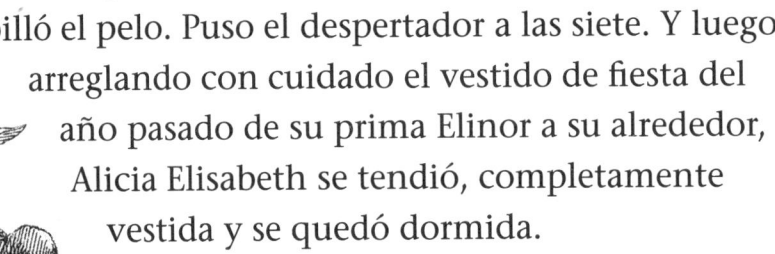

A la mañana siguiente se deslizó por la baranda de las escaleras, comió seis panqueques y llegó a tiempo a la escuela.

10. Esta historia se trata principalmente de una niña que _____ .

Ⓐ tiene una fiesta con globos y serpentinas
Ⓑ tiene una gran imaginación
Ⓒ crece y le quedan pequeños sus pantalones vaqueros
Ⓓ hace un instrumento musical

11. La madre de Alicia está enojada porque Alicia Elisabeth _____ .

Ⓐ se porta mal
Ⓑ no cena
Ⓒ tarda demasiado en vestirse
Ⓓ no juega nunca con otros niños

12. Alicia no baja a tiempo de su habitación porque _____ .

Ⓐ es tímida con la gente
Ⓑ tiene que hacer demasiadas tareas
Ⓒ trata de llamar la atención
Ⓓ le gusta demasiado imaginarse cosas

13. Esta historia tiene lugar en _____ .

Ⓐ una isla desierta
Ⓑ en casa de Alicia Elisabeth
Ⓒ en un barco pirata
Ⓓ en el patio de su prima Elinor

SIGUE

14. En esta historia la palabra zumando significa _____ .

- Ⓐ con rapidez
- Ⓑ sabiamente
- Ⓒ satisfecho
- Ⓓ encantada

15. La familia de Alicia Elisabeth aplaudió porque ella _____ .

- Ⓐ había inventado algo nuevo
- Ⓑ se había puesto su vestido nuevo
- Ⓒ bajó a tiempo para su fiesta
- Ⓓ sopló las velas

16. ¿Qué palabras describen mejor a Alicia?

- Ⓐ imaginativa y lenta
- Ⓑ mezquina y cruel
- Ⓒ trabajadora y ayuda mucho
- Ⓓ considerada y amable

17. ¿Cuál de los siguientes acontecimientos **no** ocurrieron?

- Ⓐ La madre de Alicia sacó los pantalones cortos de color rosa favoritos de Alicia.
- Ⓑ Alicia vio a Rusty abriendo su regalo.
- Ⓒ La madre de Alicia estaba prendiendo las velas.
- Ⓓ Alicia se perdió la Navidad y todo el invierno.

18. ¿Qué crees que hará Alicia Elisabeth en mañanas futuras? Usa ideas de la historia para explicar por qué opinas así.

_____
_____
_____
_____
_____
_____
_____
_____
_____
_____
_____
_____
_____
_____
_____
_____
_____
_____
_____

ALTO

Pensamientos creadores / Tema 4
Evaluación integral de lectura

Harcourt

Orlando Boston Dallas Chicago San Diego

Part No. 9997-30997-9

ISBN 0-15-317589-3 (Package of 12)

Evaluación integral de lectura

Bailes y fiestas / Tema 5

Resumen del rendimiento

Nombre _____ Grado _____ Fecha _____

Pasaje 1   Puntuación del alumno   Comentarios
    Opción múltiple (1–8)   _____   _____
    Respuesta abierta (9)   _____   _____

Pasaje 2   Puntuación del alumno   Comentarios
    Opción múltiple (10–17)   _____   _____
    Respuesta abierta (18)   _____   _____
Puntuación total   _____

Nivel de rendimiento

Lector avanzado	Lector hábil	Lector básico	Lector limitado
19–20	16–18	13–15	Menos de 13

❏ El estudiante recibió ayuda mientras tomaba esta prueba.

Comentarios: _____
_____
_____
_____

Copyright © by Harcourt, Inc.

All rights reserved. No part of this publication may be reproduced or transmitted in any form or by any means, electronic or mechanical, including photocopy, recording, or any information storage and retrieval system.

Teachers using ¡VAMOS DE FIESTA! may photocopy complete pages in sufficient quantities for classroom use only and not for resale.

HARCOURT and the Harcourt Logo are trademarks of Harcourt, Inc.

For permission to translate/reprint copyrighted material, grateful acknowledgment is made to the following sources:

Cobblestone Publishing Company, 30 Grove St., Suite C, Peterborough, NH 03458: "Juneteenth: An African American Celebration" by Patricia Smith Prather from *Cobblestone: Celebrating History Texas Style!,* March 1997. Text © 1997 by Cobblestone Publishing Company.

Highlights for Children, Inc., Columbus, OH: "Tracking the Elephants" by George W. Frame from *Highlights for Children* Magazine, February 1998. Copyright © 1998 by Highlights for Children, Inc.

Printed in the United States of America

ISBN 0-15-317589-3

2 3 4 5 6 7 8 9 10 022 2003 2002 2001

Juneteenth
Una Fiesta Afroamericana

por Patricia Smith Prather

¿Qué se celebra durante *Juneteenth*?

En Houston, alrededor de 1917, dos mujeres vestidas con sus mejores ropas fueron fotografiadas sentadas en una carreta con ruedas cubiertas de flores de papel.

Cuando Abraham Lincoln era presidente, liberó a todos los esclavos que vivían en los estados que se habían rebelado contra la Unión con la Proclamación de Emancipación del 1 de enero de 1863. Las noticias de este anuncio no llegaron a Texas hasta el 19 de junio de 1865, cuando el general de división Gordon Granger leyó la proclamación en Galveston: "Se informa al pueblo de Texas... que todos los esclavos son libres". En esa época, no había teléfonos ni máquinas fax y los dueños de muchas plantaciones y otros hacendados que tenían conocimiento de la proclamación no les dijeron a los esclavos que eran libres.

Cuando las noticias de libertad llegaron a Texas, corrieron como un reguero de pólvora entre los doscientos mil esclavos afroamericanos del estado. A través de Texas, dejaron las plantaciones, cantando, gritando y bailando de júbilo. Los exesclavos celebraron en caminos, en ciudades y en las plazas de los pueblos.

De la noche al día, la vida cambió. El 18 de junio de 1865, los esclavos de Texas trabajaron desde la salida hasta la puesta del sol sin esperar pago alguno, como lo habían hecho sus antepasados durante décadas. Al día siguiente, eran libres. Como esclavos, no podían tener propiedades, aprender a leer ni a escribir o ganar un salario. Muchos vivían en chozas de una habitación con suelos de tierra. Como seres libres, podían por fin esperar una vida como la de otros texanos y norteamericanos. Habían hablado y soñado con la libertad durante tantos años que prometieron solemnemente no olvidarse nunca del 19 de junio, que se conoce con el nombre más corto de "Juneteenth".

Cada año, después de ese primer *Juneteenth*, los antiguos esclavos se reunían en comunidades por todas partes de Texas el 19 de junio para compartir un día de comidas, oraciones y actividades, para celebrar su libertad. A finales de los años 1800, una celebración típica de *Juneteenth* tenía lugar bajo los árboles en un campo grande. Días antes de la fiesta, los hombres cavaban fosos en el suelo y comenzaban las preparaciones para una barbacoa. En las primeras horas de la mañana de *Juneteenth*, el aroma de la barbacoa de res, pollo, cabra y otras carnes llenaba el aire. Una vez que las familias habían llegado y se habían instalado se celebraba un servicio para rezar y dar las gracias por la libertad.

Tan pronto como estaba lista la barbacoa, la fiesta comenzaba. Las largas mesas estaban cubiertas de manteles y cada familia aportaba algo a la comida: ensalada de patatas, habichuelas, maíz, camotes, frijoles, pasteles, tartas y muchos otros platos deliciosos. Se formaban largas colas. Cada hombre, mujer y niño llenaba su plato. El banquete duraba todo el día o hasta que se había consumido el último bocado.

Además de comida, los que asistían disfrutaban de la "soda roja", que se convirtió en una tradición de Juneteenth. Nadie sabe el origen de esta tradición, pero todos disfrutaban de esta bebida fría y refrescante. Al principio, la soda roja era probablemente una

Bandas como la formada por este grupo de hombres a principios del siglo 20 proporcionaban animada música bailable en muchas celebraciones de *Juneteenth*.

bebida casera hecha con fresas. Más tarde se servía en botellas y hoy día se encuentran latas de soda roja en todos los refrigeradores portátiles de todas las celebraciones de *Juneteenth*.

Otro bocado tradicional de *Juneteenth* era la sandía fresca. Afortunadamente, la jugosa fruta madura en Texas justo a tiempo para las fiestas de junio.

Hoy, *Juneteenth* sigue siendo un día lleno de actividades divertidas para todas las edades, incluyendo partidos de béisbol, rodeos, representaciones, bailes, concursos de belleza, y fuegos artificiales. *Juneteenth* no estaría completo sin un desfile.

Las celebraciones de *Juneteenth* también incluyen discursos, en general, por un orador conocido que casi siempre habla de la esclavitud, la supervivencia y el significado de la libertad. Bandas tocan *jazz, blues, zydeco* (una música popular del sur de Louisiana que combina melodías bailables francesas, elementos de música caribeña y *blues*), *gospel* y cualquier otra música alegre. En el pasado, los bailes de *Juneteenth* se celebraban bajo los árboles y algunas veces en pabellones cubiertos. Comenzaban al anochecer y la música podía oírse por millas a la redonda.

Cada año, algunas fiestas de *Junteenth* se celebran en tierra que ha sido adquirida por una iglesia u otra organización. "*Juneteenth* en Comanche Crossing" es una de tales celebraciones. Se celebra en la ciudad de Mexia, en la zona central de Texas. Es la más antigua y las más conocida del estado. Parece una reunión familiar gigante, con gente que planea sus vacaciones para esa época y vienen de todas partes de Estados Unidos a celebrar *Juneteenth* de una manera tradicional. La tierra pertenece a la Organización del 19 de junio. En Houston, diez acres de tierra adquiridos por exesclavos en 1872 son ahora el parque *Emancipation*, donde una gran fiesta de *Juneteenth* se celebró durante muchos años.

Juneteenth ha sufrido muchos cambios desde que comenzó a celebrarse hace más de ciento treinta años. En sus primeros años, la mayoría de los participantes eran exesclavos que podían recordar todavía el dolor de la esclavitud. Aunque eran libres, *Juneteenth* era uno de los pocos días de cada año en el que podían poner a un lado sus esfuerzos para ganarse la vida. Sin educación ni propiedad, la mayoría se veían forzados a vivir de forma muy parecida a la que vivían bajo la esclavitud, seguían trabajando para sus antiguos amos por salarios miserables. (Este sistema fue conocido con el nombre de *aparcería*.)

Durante la década de 1960, en el punto culminante del movimiento por los derechos civiles, los afroamericanos luchaban por la igualdad de oportunidades de empleo, educación y vivienda. Ya no parecía apropiado celebrar su emancipación de la esclavitud cuando les seguían negando la igualdad de derechos. Las celebraciones de *Juneteenth* se hicieron menos comunes y en algunas ciudades desaparecieron totalmente.

Para mitades de la década de 1970, *Juneteenth* estaba empezando a resurgir en Texas. Los afroamericanos de Texas, al emigrar hacia otros estados como Colorado y California, llevaban *Juneteenth* con ellos. También se ha extendido a otros estados como Louisiana, Oklahoma, Alabama, Georgia, North Carolina y Florida. En 1980, *Juneteenth* se convirtió en una fiesta oficial del estado de Texas, gracias a Al Edwards, el legislador del estado de Houston, que introdujo un proyecto de ley haciendo de esta fecha un día feriado oficial. Fue el primer día feriado oficial en los Estados Unidos reservado para conmemorar la libertad, cultura y patrimonio de los afroamericanos. Hoy día algunas de las celebraciones de *Juneteenth* son tan grandes que las actividades duran varios días.

Instrucciones: Rellena el círculo delante de la respuesta correcta.

1. Este pasaje se trata principalmente de _____ .
   - Ⓐ la historia de la fiesta de *Juneteenth*
   - Ⓑ por qué les dieron la libertad a los esclavos
   - Ⓒ cómo vivían los esclavos en los años de 1800
   - Ⓓ la Proclamación de Emancipación

2. ¿Cuál fue el resultado de la Proclamación de Emancipación de 1863?
   - Ⓐ Todos obtuvieron trabajo.
   - Ⓑ Los trabajadores recibieron más dinero.
   - Ⓒ Los esclavos de Estados Unidos obtuvieron la libertad.
   - Ⓓ Las ciudades tuvieron más desfiles.

3. ¿Por qué tardaron tanto las noticias de la Proclamación de Emancipación en llegar a Texas?
   - Ⓐ El gobierno se olvidó de comunicárselo a los dueños de plantaciones.
   - Ⓑ Las noticias se divulgaban despacio en los años de 1800.
   - Ⓒ Los papeles se perdieron en Washington.
   - Ⓓ Los esclavos querían guardar el secreto.

4. *Juneteenth* celebra el día en el que _____ .
   - Ⓐ los esclavos texanos supieron que eran libres
   - Ⓑ Abraham Lincoln subió a la presidencia
   - Ⓒ se publicó la Proclamación de Emancipación
   - Ⓓ Estados Unidos se convirtió en un país libre

SIGUE

5. La fiesta de *Juneteenth* originó en el estado de _____ .

Ⓐ Louisiana

Ⓑ Texas

Ⓒ California

Ⓓ Georgia

6. La fiesta de *Juneteenth* tiene lugar el _____ .

Ⓐ 13 de junio

Ⓑ 14 de junio

Ⓒ 18 de junio

Ⓓ 19 de junio

7. En este pasaje la palabra <u>orador</u> significa _____ .

Ⓐ desfile

Ⓑ alguien que habla

Ⓒ pabellón

Ⓓ reunión

8. ¿Qué pasó cuando los afroamericanos de Texas se mudaron a otros estados?

Ⓐ *Juneteenth* se hizo popular a través de Estados Unidos.

Ⓑ Menos personas celebraron *Juneteenth*.

Ⓒ Los desfiles fueron más grandes que nunca.

Ⓓ Más gente bebió refrescos de fresa.

SIGUE

9. Imagínate que fueras la persona que tenía que convencer a la legislatura del estado de Texas que *Juneteenth* debía convertirse en día feriado oficial. ¿Qué les dirías? Usa ideas del pasaje además de otras cosas que hayas aprendido para apoyar tu respuesta.

_____

_____

_____

_____

_____

_____

_____

_____

_____

_____

_____

_____

_____

_____

_____

_____

_____

_____

_____

_____

_____

_____

SIGUE

Siguiendo a los elefantes

por George W. Frame

¿Adónde van los elefantes?

Una tarde soleada, fui en bicicleta a los embalses que estaban cerca de mi casa en el África Occidental para observar a los elefantes. Soy biólogo y mi trabajo era trabajar con docenas de científicos y estudiantes. Tenía que estar enterado de todos sus proyectos, incluyendo la investigación de elefantes.

Quería saber si los elefantes habituales estaban en los embalses. El tiempo era muy caluroso, así que podía imaginarme lo mucho que estaban disfrutando del agua los elefantes.

Varios embalses que se construyeron de tierra y rocas en la cuenca seca del río se llenan de agua durante las lluvias. Su reserva dura hasta el final de la estación seca venidera, proporcionando agua para la gente y los animales salvajes en esa parte sur del Burkina Faso.

El agua para la población es extraída de un pozo más abajo del embalse por medio de bombas. Pero los animales salvajes pueden ir hasta la orilla del agua a beber. Los embalses están en un área llamada *reserva,* donde estrictas leyes evitan que alguien dispare a los animales que visitan los embalses.

Elefantes intrépidos

La mayoría de los antílopes y jabalíes son tímidos. Vienen a beber por la noche. Pero no es así con los elefantes. Vienen sin temor durante el día, no nos hacían ningún caso a nosotros, que nos habíamos reunido para observarlos, y pescan en el embalse. Los elefantes "saben" que están seguros aquí, en el corazón de la reserva.

Observé cómo familia tras familia de elefantes venía al agua a beber y a bañarse. Cada familia consistía en una hembra vieja, sus hijas y sobrinas mayores y todos sus "niños". A veces un macho acompañaba a la familia.

Mis amigos que estudian a los elefantes pueden distinguir a la mayoría de los elefantes individualmente. Estos científicos los conocen por su tamaño y por la forma de sus colmillos, cualquier muesca o agujero en las orejas, la ausencia de cola y otras marcas y cicatrices.

Conocía a un viejo elefante macho que a menudo pasaba sus días cerca de mi casa. No tenía colmillos, lo que era raro para un elefante macho africano.

Otro elefante macho tenía roto el colmillo izquierdo, sólo le quedaba la raíz y me preguntaba si tenía un dolor de muelas gigantesco. Una hembra tenía un agujero redondo en la oreja, lo que me hacía pensar ¡cómo le caería un pendiente!

Eran más inteligentes de lo que yo me imaginaba

Los elefantes eran parte de mi trabajo. Así es que a veces ayudaba a los investigadores a poner collares con radios a los elefantes para ver adónde viajarían.

Por supuesto, los elefantes eran fáciles de encontrar cuando estaban cerca de pueblos y de carreteras. A menudo no tenía ni que dejar mi casa para encontrar elefantes, tan sólo tenía que mirar por la ventana. Pero a veces los elefantes parecían desaparecer. Ahí es cuando una señal de radio viene bien.

¡Trabaja rápido!

Para poner un collar de radio en un elefante, le disparábamos un dardo jeringa al elefante, lo que le daba al animal una medicina que lo hacía dormir. Cuando el elefante se acostaba en el suelo, le levantábamos las orejas y le poníamos una radio alrededor del cuello. El collar se ajustaba detrás del cráneo y las mandíbulas y quedaba escondido por sus enormes orejas.

Nos apresuramos a encajar juntos y cerrar los extremos del collar. Luego le dimos un tipo de medicina distinta para despertarlo y corrimos para alejarnos y poder observar sin peligro.

Cuando rastreábamos elefantes, a veces tenía que manejar en la oscuridad a través de tierras cubiertas por matorrales, con dos investigadores, Urbain Belemsobgo y Benoit Doamba, quienes trabajan para el gobierno de Burkina Faso.

Nos parábamos y trepábamos a lugares altos, encima del camión o una pila de rocas, con la antena y el receptor de radio en la mano. Con los auriculares puestos y girándonos lentamente en todas direcciones, tomamos turnos escuchando la más leve señal de radio de un collar lejano.

Estábamos decididos a averiguar adónde iban los elefantes por la noche. Normalmente conseguíamos oír la señal de pip, pip, pip de la radio, lo que nos indicaba la dirección.

Pero no siempre nos indicaba la distancia a la que se encontraba el elefante. Una seña débil a menudo significaba que el elefante estaba a muchas millas de distancia. A veces el elefante estaba cerca, pero las señales de radio eran débiles porque estaban parcialmente cortadas por árboles y rocas, o incluso por otros elefantes.

Teníamos que ir en la dirección de la señal para saber lo lejos que estaba el elefante. También queríamos ver lo que el elefante estaba haciendo y quién estaba con él. Después de una larga noche de rastrear elefantes, volvíamos a casa y nos desplomábamos en la cama.

Elefantes furtivos

Tratar de hallar la señal de radio valía cualquier esfuerzo. Aprendimos que en la oscuridad algunos elefantes caminan rápidamente muchas millas afuera del área protegida para buscar distintas comidas, incluyendo las cosechas de los granjeros. A los elefantes les encanta comer maíz y mijo.

A veces los granjeros disparan a los elefantes y ésta es una lección que los elefantes más viejos han aprendido bien: al atacar una granja inesperadamente el elefante corre peligro de morir de un balazo. Para los elefantes, el truco está en atacar la granja cuando todos están durmiendo. Justo antes del amanecer, los elefantes apresuran a sus familias a volver a la seguridad de la reserva.

Siempre supe que los elefantes eran listos. Al identificar los individualmente y usar los collares radio para encontrarlos, aprendimos que los elefantes viajan diariamente para satisfacer sus necesidades alimenticias y para beber a la vez que evitan el peligro. Los elefantes nos muestran que ellos saben que en algunos lugares la gente es peligrosa y en otros sitios ¡no lo es!

10. El pasaje es principalmente sobre _____ .

   Ⓐ cómo son capturados los elefantes

   Ⓑ lo que comen los elefantes

   Ⓒ cómo estudian los científicos a los elefantes

   Ⓓ cómo encuentran agua los elefantes

11. El autor de este pasaje es un _____ .

   Ⓐ guarda de zoológico

   Ⓑ científico

   Ⓒ estudiante

   Ⓓ granjero

12. ¿En qué se diferencian las costumbres para beber de los elefantes de las de los antílopes?

   Ⓐ Los elefantes beben sólo una vez por semana.

   Ⓑ Los elefantes beben en parejas.

   Ⓒ Los elefantes beben durante el día.

   Ⓓ Los elefantes beben después de comer.

13. Los científicos les ponen collares a los elefantes para _____ .

   Ⓐ ver adónde van

   Ⓑ medir sus cuellos

   Ⓒ estudiar la piel del elefante

   Ⓓ hacer que se vayan los elefantes

SIGUE

14. Los científicos pueden identificar a los elefantes por _____ .

Ⓐ el sonido que hacen

Ⓑ las huellas que dejan

Ⓒ el olor

Ⓓ marcas y cicatrices en sus cuerpos

15. ¿Por qué visitan las granjas por la noche los elefantes en lugar de visitarlas de día?

Ⓐ para que los granjeros no los vean

Ⓑ porque es mejor para cazar

Ⓒ para poder robar agua cuando nadie los ve

Ⓓ porque hace demasiado calor durante el día

16. ¿Por qué piensa el autor que los elefantes son listos?

Ⓐ Se quedan juntos como familias, ayudándose mutuamente.

Ⓑ Pueden sobrevivir a pesar de haber recibido un dardo con medicina.

Ⓒ Pueden distinguir entre un lugar seguro y un lugar peligroso.

Ⓓ Pueden viajar largas distancias sin perderse.

17. Este pasaje sería bueno para alguien a quien le gusta leer sobre _____ .

Ⓐ la gente famosa

Ⓑ los animales salvajes

Ⓒ acampar

Ⓓ diferentes países

SIGUE

18. Haz una lista de lo que crees son los tres hechos más importantes que has aprendido de este pasaje. Luego, explica por qué son importantes los hechos que seleccionaste.

_____
_____
_____
_____
_____
_____
_____
_____
_____
_____
_____
_____
_____
_____
_____
_____
_____
_____
_____
_____

ALTO

Lazos comunitarios / Tema 5

Evaluación integral de lectura

Harcourt

Orlando Boston Dallas Chicago San Diego

Part No. 9997-30998-7

ISBN 0-15-317589-3 (Package of 12)

¡Vamos de fiesta!

Evaluación integral de lectura

Bailes y fiestas / Tema 6

Resumen del rendimiento

Nombre _____ Grado _____ Fecha _____

Pasaje 1   Puntuación del alumno   Comentarios

     Opción múltiple (1–8)   _____   _____

     Respuesta abierta (9)   _____   _____

Pasaje 2   Puntuación del alumno   Comentarios

     Opción múltiple (10–17)   _____   _____

     Respuesta abierta (18)   _____   _____

Puntuación total   _____   _____

Nivel de rendimiento

Lector avanzado	Lector hábil	Lector básico	Lector limitado
19–20	16–18	13–15	Menos de 13

☐ El estudiante recibió ayuda mientras tomaba esta prueba.

Comentarios: _____
_____
_____
_____

Copyright © by Harcourt, Inc.

All rights reserved. No part of this publication may be reproduced or transmitted in any form or by any means, electronic or mechanical, including photocopy, recording, or any information storage and retrieval system.

Teachers using ¡VAMOS DE FIESTA! may photocopy complete pages in sufficient quantities for classroom use only and not for resale.

HARCOURT and the Harcourt Logo are trademarks of Harcourt, Inc.

For permission to translate/reprint copyrighted material, grateful acknowledgment is made to the following sources:

Children's Better Health Institute, Indianapolis, IN: "Floating on Air" by Kelly Milner Halls from *U. S. Kids,* A *Weekly Reader* Magazine, March 1996. Text copyright © 1996 by Children's Better Health Institute, Benjamin Franklin Literary & Medical Society, Inc.

Wenhai Ma: Illustrations by Wenhai Ma from "The Ten-Thousand-Stroke Chinese Character" by Diana C. Conway in *Spider* Magazine, May 1995.

SPIDER Magazine: "The Ten-Thousand-Stroke Chinese Character" by Diana C. Conway from *Spider* Magazine, Vol. 2, No. 5. Text © 1995 by Diana C. Conway.

Printed in the United States of America

ISBN 0-15-317589-3

2 3 4 5 6 7 8 9 10 022 2003 2002 2001

El carácter chino de las diez mil pinceladas

por Diana C. Conway

ilustrado por Wenhai Ma

¿Qué aprende Pequeño Liang?

Te voy a contar un historia muy antigua, pero primero voy a explicarte algo sobre cómo escribir el chino.

En inglés se usa el ABC para leer y escribir. En China tenemos un modo diferente para leer y escribir.

Esto es lo que puedes ver si abres un libro chino. Los pequeños dibujos se llaman caracteres.

一会儿象莲花，
一会儿象棉花，
刚才还是大天鹅，
转眼又成小飞马……
白云啊，白云，
你是真正的魔术家。
小朋友要开联欢会，
你来个节目好吗？

Este carácter significa "persona".

La palabra "grande" parece una persona con los brazos abiertos.

Tema 6 • El carácter chino de las diez mil pinceladas

Añádele otra línea y tienes la palabra "cielo".

Antiguamente la gente escribía chino con un pincel. Los niños aprendían a contar las pinceladas de cada carácter.

El carácter para la palabra "persona" tiene dos pinceladas.

"Grande" tiene tres.

"Cielo" tiene cuatro.

Una vez un muchacho trató de escribir un carácter con diez mil pinceladas. Esta es la historia.

Pequeño Liang vivía en China hace mucho tiempo. Cuando cumplió los siete años, su padre dijo: "Mañana vas a comenzar a ir a la escuela y aprender a escribir".

—No, gracias —le respondió Pequeño Liang—. A mi me gusta jugar afuera.

—Mañana a la escuela, muchacho. No quiero oír ni una palabra más.

A la mañana siguiente Pequeño Liang fue a la escuela con su pincel de escribir. Su maestro le

mostró cómo hacer una pincelada para escribir el número uno.

—Es fácil —dijo Pequeño Liang.

Al día siguiente aprendió a hacer dos pinceladas para escribir el número dos.

—Bueno —dijo— ¿quién necesita ir a la escuela? Apuesto a que puedo escribir el número tres yo solo.

Y por supuesto, el tercer día de escuela, el maestro escribió "tres" en el papel exactamente como lo esperaba.

—Ya no necesito aprender más —dijo Pequeño Liang. Se escapó de la escuela y fue a buscar pájaros en el bosque.

Al día siguiente salió de su casa con su bolsa. Pero no fue a la escuela.

—Sé todo lo necesario —dijo—. Me iré a pescar. —Y se marchó hacia el río.

Por el camino se encontró con Anciano Sr. Wan.

—¿Cómo no estás en la escuela Pequeño Liang?

—Sé todo lo necesario —Sr. Wan.

—Eso es maravilloso —le dijo el anciano—. Yo no aprendí nunca muchos caracteres. ¿Puedes ayudarme a escribir una carta a mi hijo?

Pequeño Liang fue a casa de Mr. Wan. Sacó un pincel y tinta de su bolsa.

—Primero voy a escribir la dirección. ¿Cómo se llama su hijo?
—Wan Bai Qian.

En chino, "wan" significa diez mil, "bai" significa cien y "qian" significa mil.

Pequeño Liang comenzó a dar pinceladas. Una, dos, tres, cuatro, cinco... diez... veinte... treinta.

Pronto comenzó a dolerle la mano de tanto escribir.

—¡Mire cuántas pinceladas he hecho! ¿Por qué se llama Sr. Diez Mil y no Sr. Uno?

—Lo siento Pequeño Liang. ¿Por qué no usas mi peine? Puedes mojarlo en la tinta y hacer muchas líneas al mismo tiempo.

En ese momento el maestro pasó por la calle. Oyó el nombre "Pequeño Liang". Miró adentro y vio a un niño escribiendo con un peine.

—¿Qué es esto? —preguntó.

—Estoy escribiendo el nombre del Sr. Wan.

El maestro levantó el pincel y dio tres pinceladas.

—Así se escribe el número diez mil —dijo.

—¿Sólo tres pinceladas? —la cara de Pequeño Liang se puso colorada como una cereza.

—Sólo tres pinceladas —dijo el maestro.

Al día siguiente Pequeño Liang volvió a la escuela.

Hoy día, en China los niños escriben con lápices y plumas. Los más afortunados puede que incluso tengan computadoras con caracteres chinos. Como pasatiempo, la gente sigue probando la escritura a pincel. Aprenden a hacer caracteres con cinco, diez o incluso quince pinceladas. ¡Todos se alegran de que no hay ningún carácter chino de diez mil pinceladas!

Instrucciones: Rellena el círculo delante de la respuesta correcta.

1. Esta historia se trata principalmente de un niño que aprende _____ .
   - Ⓐ cómo ayudar a un anciano
   - Ⓑ que es el niño más pequeño de la clase
   - Ⓒ que no lo sabe todo
   - Ⓓ a leer caracteres chinos

2. Los dibujos chinos de esta historia se llaman _____ .
   - Ⓐ palabras
   - Ⓑ ABC
   - Ⓒ caracteres
   - Ⓓ pinceles

3. ¿Por qué no quería comenzar a ir a la escuela Pequeño Liang?
   - Ⓐ No le gustaba escribir.
   - Ⓑ Le gustaba jugar afuera.
   - Ⓒ No tenía amigos.
   - Ⓓ Quería ir a pescar con su papá.

4. Una de las primeras cosas que Pequeño Liang aprendió en la escuela fue _____ .
   - Ⓐ escribir números
   - Ⓑ leer historias
   - Ⓒ jugar a las damas
   - Ⓓ dibujar

SIGUE

5. ¿Cuántas pinceladas creía Pequeño Lian que se necesitaban para escribir el nombre del hijo del Sr. Wan?

- Ⓐ dos
- Ⓑ tres
- Ⓒ mil
- Ⓓ diez mil

6. Cuando el autor dice "La cara de Pequeño Liang se puso colorada como una cereza", quiere decir que Pequeño Lian _____ .

- Ⓐ tenía fiebre
- Ⓑ comió cerezas a la hora de comer
- Ⓒ se sintió avergonzado
- Ⓓ se sentía feliz

7. ¿Quién le enseñó a Pequeño Liang cómo escribir el nombre del hijo del Sr. Wan?

- Ⓐ El anciano Sr. Wan
- Ⓑ el maestro
- Ⓒ otro estudiante
- Ⓓ Wan Bai Qian

8. Esta historia es _____ .

- Ⓐ un cuento tradicional
- Ⓑ una biografía
- Ⓒ un verso infantil
- Ⓓ un misterio

SIGUE

9. ¿Qué lección aprendió Pequeño Liang en esta historia?

Flotando en el aire

por Kelly Milner Halls
fotografía de Ron Behrmann

¿Cómo es volar en un globo?

Cuando llega el sábado por la mañana, Nicholas Behrmann, de diez años de edad, no se echa a descansar. Se arrastra fuera de la cama antes de la salida del sol, se pone varias capas de ropa de abrigo y se dirige hacia el cielo abierto en un globo.

—Todavía es de noche cuando llegamos al campo para despegar en el globo —dice Nicholas. Mientras ayuda a su padre a descargar el equipo necesario para tener éxito en un vuelo sobre Nuevo Mexico, Nicholas piensa en deslizarse tranquilamente entre las nubes.

Los hornillos de fuego calientan el aire en el globo, haciendo que se eleve.

Listos para despegar

Como la mayoría de los deportes, trabajo y seguridad son lo más importante en la aerostación.

—Incluso antes de que podamos comenzar a descargar, llenamos un globo de prueba con helio y lo soltamos —explica Nicholas—. En esa prueba se observa la trayectoria del globo para descubrir la dirección del viento y lo fuerte que sopla.

Si el cielo está seguro, es hora de preparar la cesta, comprobar el equipo e hinchar el globo.

—Ponemos ventiladores para hinchar el globo de aire —dice Nicholas—. Cuando está lo suficientemente hinchado encendemos los hornillos de llama viva para calentar el aire —El aire calentito hace que el globo deje el suelo con elegancia.

Según Nicholas, el proceso completo, comprobar el viento, descargar el equipo y llenar el globo, toma treinta minutos o menos.

—No está mal del todo —dice—, sobretodo si se considera la diversión que viene a continuación.

¡Arriba y en marcha!

El papá de Nicholas, Ron, dice que la mayoría de pilotos de globo sienten un nudo en el estómago mientras el equipo de tierra deja libre el enorme globo.

—Aunque lo hayas hecho cientos de veces —dice Ron— esta sensación es la misma... esa sensación de aventura.

Pero volar en globo no es nada nuevo para Nicholas. Hizo su primer vuelo, acomodado en los brazos de su madre, cuando tenía sólo seis semanas. A los seis meses, Nicholas voló en la cesta sin que lo sujetaran. La madre de Nicholas dice: "Su primera palabra no fue 'mamá' ni 'papá'. Fue 'globo'."

Dentro de quince minutos, Nicholas y su papá subirán a la altura increíble de 2,500 pies.

—Todos creen que da miedo, pero no es cierto —dice Nicholas—. Hasta mi abuela que tiene miedo a la altura, subió. Al cabo de dos horas, no quería bajar.

Mientras las altas corrientes giran juguetonas alrededor del globo, los pilotos de globo tienen una vista de la tierra desde lo alto.

—Los automóviles parecen micromáquinas —dice Nicholas—. Todo se ve realmente pequeño. También puede verse movimiento y uno se imagina que son probablemente animales o gente en bicicleta. Pero estamos tan altos, que realmente no podemos saber qué es lo que se mueve.

Por supuesto hay cosas que ver aquí en el aire.

—He visto grullas y patos, y hasta águilas y halcones. A veces se acercan y dan vueltas alrededor del globo. Supongo que sienten curiosidad. Me gusta mucho ver a los animales.

¿En control?

—Soy demasiado joven para pilotar oficialmente —dice Nicholas—. Pero a veces vuelo con la ayuda de mi papá.

—No puedes controlar realmente adónde vas; los vientos te llevan hacia donde vas a ir —comenta Nicholas—. Pero puedes controlar si quieres ir hacia arriba o hacia abajo —añade—. Se aumenta el fuego de los hornillos y vamos hacia arriba. Se deja escapar aire del globo y comenzamos a descender. —Lo cual según Nicholas es lo segundo entre lo mejor de volar en globo. —Me encanta descender ¡RÁPIDAMENTE!

Sin embargo, Nicholas admite que no todo es diversión.

—Algunas veces nos encontramos en repentinas ráfagas de viento. Si hay otros globos cerca acabamos dando círculos alrededor uno del otro. Eso puede dar miedo porque las ráfagas pueden llevarte directamente al suelo.

—Hay menos accidentes en globo que cuando la gente simplemente va por la calle —se apresura a decir el joven aficionado al vuelo en globo.

—Volar es mucho más divertido —añade con una sonrisa.

Hay globos de todos los tamaños y formas.

10. Este pasaje se trata principalmente de _____ .

　Ⓐ cómo se hacen los globos

　Ⓑ la historia de la aerostación

　Ⓒ las diferentes maneras en que pueden volar las personas

　Ⓓ el amor de un muchacho por volar en globos

11. En este pasaje la palabra <u>descender</u> significa _____ .

　Ⓐ subir

　Ⓑ bajar

　Ⓒ ir de lado a lado

　Ⓓ reducir la velocidad

12. Una de las razones por las que los pilotos de globo lanzan un *globo de prueba* es que _____ .

　Ⓐ comen cuando tienen hambre cuando están en el aire

　Ⓑ lo pueden tirar del globo si hay demasiado peso

　Ⓒ pueden jugar si se aburren en el aire

　Ⓓ pueden averiguar la dirección en la que volará el globo

13. Si subes los hornillos en un globo, el globo _____ .

　Ⓐ subirá

　Ⓑ bajará

　Ⓒ irá de lado a lado

　Ⓓ reducirá de velocidad

SIGUE

14. Nicholas cuenta la historia de su abuela para convencer a los lectores de que _____ .

- Ⓐ volar no es para todos
- Ⓑ volar puede ser divertido para todos
- Ⓒ volar es un deporte para la gente joven
- Ⓓ los que tienen miedo de las alturas no deben volar

15. ¿Cuál de las siguientes es una **opinión** del pasaje?

- Ⓐ Volar en globo es muy divertido
- Ⓑ Llenan un pequeño globo con helio.
- Ⓒ Nicholas es demasiado joven para ser un piloto oficial.
- Ⓓ los globos pueden subir 2,500 pies

16. La información de este pasaje ayudaría a una persona que quiere _____ .

- Ⓐ probar el vuelo en globo
- Ⓑ averiguar sobre la invención del globo
- Ⓒ escribir un informe sobre pilotos famosos
- Ⓓ hacer un proyecto de ciencias sobre volar

17. ¿Qué libro sería mejor para buscar más información sobre volar en globo?

- Ⓐ *¿Cómo vuelan los pájaros?*
- Ⓑ *Amelia Earhart: piloto de avión famosa*
- Ⓒ *El mejor pasatiempo del mundo, modelos de aviones*
- Ⓓ *La historia de los globos*

SIGUE

18. ¿Te gustaría volar en globo? Explica por qué sí o por qué no. Usa la información del pasaje para apoyar tu respuesta.

ALTO

Nuevas tierras / Tema 6
Evaluación integral de lectura

Harcourt

Orlando   Boston   Dallas   Chicago   San Diego

Part No. 9997-30999-5

ISBN 0-15-317589-3 (Package of 12)